U0940810

国 / 学 / 经 / 典 / 轻 / 松 / 读

老子

蒋念祖　蒋荣◎编著

南京出版传媒集团
南京出版社

图书在版编目(CIP)数据

老子 / 蒋念祖，蒋荣编著. -- 南京 ：南京出版社，2019.4

(国学经典轻松读)

ISBN 978-7-5533-2532-3

Ⅰ.①老… Ⅱ.①蒋… ②蒋… Ⅲ.①道家 ②《道德经》—注释 Ⅳ.①B223.12

中国版本图书馆 CIP 数据核字(2019)第 045698 号

丛 书 名： 国学经典轻松读
书　　名： 老子
作　　者： 蒋念祖　蒋　荣
出版发行： 南京出版传媒集团
南 京 出 版 社

社址：南京市太平门街 53 号　　邮编：210016
网址：http://www.njcbs.cn　　电子信箱：njcbs1988@163.com
天猫 1 店：https://njcbcmjtts.tmall.com　天猫 2 店：https://nanjingchubanshets.tmall.com
联系电话：025-83283893、83283864(营销)　025-83112257(编务)

出 版 人： 项晓宁
出 品 人： 卢海鸣
责任编辑： 刘　娟
装帧设计： 王　敏
责任印制： 杨福彬

排　　版： 南京布克文化发展有限公司
印　　刷： 江办凤凰通达印刷有限公司
开　　本： 880 毫米×1230 毫米 1/32
印　　张： 7.75
字　　数： 160 千字
版　　次： 2019 年 4 月第 1 版
印　　次： 2019 年 4 月第 1 次印刷
书　　号： ISBN 978 - 7 - 5533 - 2532 - 3
定　　价： 23.00 元

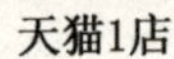

天猫2店

编 委 会

主　　编　蒋念祖　方钧鹤

编　　委　（按姓氏笔画排序）

王舒成　许歆云　孙　旭

孙国强　蒋　荣　谢　实

统　　筹　刘　娟

《老子》导读

《老子》注释、译文、讲解的通俗读物很多，可能存在两种偏向：一种偏向文本的注释，着力于“我注六经”，过度的训诂考据，只见树木不见森林，令人望而生畏，如坠云雾之中；一种偏向义理的阐释，着力于“六经注我”，有的洋洋洒洒，千言万语，不得要领，令人望而生厌，有的引经据典，深奥莫测，令人越看越糊涂。有些本子供专业研究者学术研究之用，或许有参考价值，但是对于普通读者而言，实在不适合。普通读者需要的，是在训诂与义理阐述两个方面密切配合、恰到好处、简明扼要又通俗平易的读本。

《老子》是一本谈论治国理政、为人处世之道的书，认为治国理政和为人处世有两条基本原则：自然无为，贵柔守雌。《老子》又将这两条基本原则抽象、概括、设定为恒久不变的“道”，即“常道”，并将这个“道”尊为天下万物的生长化育者，赋予“道”这个最抽象的“道理”（形而上之道）以若干特性：有无相生，以无为本；浑朴；整一；反；自然无为；虚静柔弱；等等，使得《老子》变得玄妙莫测。究其实，老子如此拐弯抹角地谈经说道，都是为了说明他所论述的治国理政、为人处世之道的合乎天道，增强其感染力、说服力。比如说《老子》中强调“道”“以无为本”，主要因为老子深感当时的君主侯王贪得无厌、逞强好胜，只看重一个“有”（正如有些人只看重有形的物质财富、名誉利益），所以劝告他们“无已”“无欲”“无为”，也就是要注重那个“无”字。为此老子声称天地自然也是无所作为（顺应自然规律，不胡作非为，不居功自傲）才得以生育万物而法力无边的。你越是想到“有”结果反而越是“无”，越是想到、做到“无”反而越是得到“有”。所以天道便是“有无相生，以无为本”的。理想的人道（治国理政、为人处世之道），自然也应该效法天道，无已无欲无为。同样的道理，“天道”具有“反者道之动、弱者道之用”等特征，治国理政、为人处世之道自然也应该效法天道，自然无为，贵柔守雌。

可以这样概括、评价《老子》：《老子》最初出发点是面向君主侯王讲述治国理政、为人处世之道，这个“道”是具体的形而下之道，老子在当时已经形成的“天人合道”的理论基础上，创立了以“道”“无”与“有”“朴”“反”“自然”等为核心范畴的哲学系统，不仅以“道”统“术”，构成严密、系统的政治理论系统，而且构成包括发生论、本体论、价值论在内的以“常道”（形而上之道）为基础的哲学系统，作为其政治理论的哲学基础，体现了理性精神、超越精神、批判精神与追求和谐发展的精神，体现了对客观规律的尊重，对辩证思维的尊重，对理性思维、诗性思维、辩证思维、逆向思维等多种思维方式的灵活运用（详见下文阐述）。上接天道，下接地气，有高度，有深度，有思辨性，有实效性，有创造性，有超越性，显示出极其丰富的智慧、极其高远的精神境界。《老子》作为古典名著，将会因时而化，具有无限生命力。《老子》中许多观点，在不同学科理论视野中，具有更为丰富的内涵，有待我们进一步阐释、发挥、批判、继承、发扬、光大。

古来《老子》注家如云，莫衷一是。想要深得老学精髓，还须下一番功夫。老庄思想历来被认为向往精神的自由，有消极的意味。其实庄子面对黑暗的社会现实，在承认无可奈何的既定境遇的前提下，只好一味追求超越现实的精神自由，后来郭象注释《庄子》，更主张在现实中安于自己的“性分”就可以得到自由。这两种都可以归入完全退缩到内心精神世界的消极的自由。尽管如此，庄子的超越于现实的自由，让我们在面对无可奈何的既定境遇的情况下仍然可以有精神的追求和享受，这种自由对现代人还是有启示意义的。实现这种自由，需要借助于“齐万物、等死生”“天人合一”的世界观。相比之下，老子则很想内圣外王，有所作为，只是他想通过“无为”而达到“无不为”，他希望获得的“自由”，倒是“对必然的认识与支配”，他所持有的世界观，是主客二分与天人合一的融合，颇能“以出世的心态干入世的事业”。显然老子世界观，以及他所追求的自由，更加具有积极意义。由此可见，认为《老子》具有消极意义是站不住脚的。《老子》《庄子》作为道家经典，与《论语》《孟子》等儒家经典，都是中国传统文化中必读的经典。

另外，多数人认为，《老子》分为八十一章，全书就是格言警句汇编。我们经过研究阅读，对全书八十一章反复审读，逐一分析，确认每一章均可谓内容明确、章法分明；全书八十一章可以分为十二个部分，每个部分各有重点，每个部分围绕中心，展开论述、阐释。五千余言，以“常道”为立足点，对于以“自然无为、贵柔守雌”为原则的“非常道”（具体的治国理政、为人处世之道）多方阐述，思路开阔，逻辑严密。

支撑《老子》“自然无为、贵柔守雌”价值原则的是以“无”为核心范畴的“道”论——宇宙发生论、本体论，以及“正言若反”（反）的辩证思维方法。《一章》到《三章》为全书绪论，总说“道”（常道）之特点（有无相生、不可名言、混沌一体等），引出治国理政、为人处世的总原则——虚静无为，柔弱不争（即自然无为、贵柔守雌），统领下文；《四章》到《九章》为第二部分，阐述“道体”的形态特征；《十章》到《十六章》为第三部分，《十七章》到《三十一章》为第四部分，分别阐述“道”的两个重要特征：虚静柔弱，自然无为，以此作为价值原则的基础；《三十二章》到《三十七章》为第五部分，阐述“道之用”，即“常道”在“非常道”（具体的治国理政、为人处世之道）中的运用、体现。以上为上篇，重点阐述“常道”的特征、效用，多以治国理政、为人处世的事例和事理为论据。

以下为下篇，重点阐述“德”——“非常道”，其中自然会渗透、体现“常道”的特点、效用。第六部分为《三十八章》到《四十二章》，重点阐述“德”与“道”的关系，指出玄德、常德、大德就是得道之德，就是体悟并践行自然无为、贵柔守雌等常道；第七部分为《四十三章》到《五十一章》，阐述上德的特点：“贵柔守雌”“自然无为”，上德就是符合“常道”之德；第八部分为《五十二章》到《五十六章》，阐述如何以道修德，即“修道”。“修道”之法必须符合“道”的特点，修德的最高境界是“玄同”、与道合一；第九部分为《五十七章》到《六十二章》，阐述了新的治国理政的原则：以道为本、自然无为、贵柔守雌等；第十部分为《六十三章》到《六十九章》，具体阐述符合“道”的特点的治国理政之道：清静无为、谦和守下、柔弱不争、“愚民政策”等；第十一部分为《七十章》到《七十九章》，批判了几种错误的治国理政思想和做法：贪得无厌、逞强好胜、过度作为、强梁政治等；第十二部分为《八十章》到《八十一章》，描述理想社会图景，给君主侯王反复叮嘱：治国理政须无为、不争，结束全书论述。

《老子》作为传统文化典籍，堪称有物有序。作为高中语文课外阅读教材，作为“整本书阅读”的经典文本，有助于提升学生的语言素养、思维素养、审美素养和传统文化素养。

本人在语文教学实践中，深感引导学生阅读儒家、道家文化经典对于提升语文素养、整体素养的重要性，先后编写了《中国智慧——先秦诸子经典选读》（龙门书局2004年版）、《中国的智慧——中学生中国哲学初步》（凤凰出版社2012年版）等读物。为适应具有高中学力的读者阅读中国古代文化经典之需要，现编著《国学经典轻松读·老子》，追求如下特色：

1. 借助于老子研究专家学者的研究成果，求同存异，大处着眼，梳理出《老子》的思想脉络，提炼出老学研究的新成果，作为阅读理解《老子》的依据。在深入阅读的基础上，将每一章内容条分缕析，整理出清晰的思路。

2. 以对每一章的理解为基础，分析、概括出各章之间的逻辑联系，将全书分为十二个部分，揭示每个部分以及每个部分之间的逻辑顺序，力求讲解清楚，体现老子哲学“大一统”的特色，并且在此基础上生发开去，让读者拓宽视野，开阔思路，了解《老子》中有关哲学、伦理学、美学、政治学、心理学等方面的常识，融会贯通，提升文化素养。

3. 本书版本选择通行本，王弼注，略有改动。本书注释参考古今注释，一律采用现代汉语作简洁明了的注释，不再一一注明出处、依据。本书参考各家译文，做到注释、译文与评析的一致，注释力求简明扼要，译文力求信、达、雅。

如何阅读《老子》? 逐字逐句认真研读固然是基础，评介专家学者的研究成果和提纲挈领的阐述，大处着眼，对于全书形成某些“前见”，进而在原文、注释中具体求证、求解，最终读懂全文，也不失为一条有效的方法，尤其对于缺少古汉语训诂根底的初学者而言，更是如此。

阅读古代文化经典，如果忽视训诂考据，一味凭己意发挥义理，很可能失去根基；但是停留于经典文字上的训诂考据，经典阐释便失去了目的、方向，显得支离破碎。我们在学习中，需要将这两个方面兼顾起来、结合起来，防止有失偏颇。

有关《老子》的书籍很多，学习《老子》，选择合适的读本很重要。青年朋友们阅读《老子》，可以先选取现代人编著的读本，如任继愈的《老子绎读》（北京图书出版社 2006 年版）、陈鼓应的《老子注释及评介》（中华书局 1984 年版）、王凯的《老子〈道德经〉释解》（人民出版社 2012 年版）等。这些参考书籍探究义理与训诂考据相互结合，体现了辩证的统一。

阅读原著，把握全书的内容，需要注意全书中阐述的具体道理与抽象哲理之间的相互融合、辩证统一。初读《老子》可以重点了解《老子》中关于治国理政、为人处世的具体的论述（形而下的“非常道”），关于“常道”（形而上的哲学道理）、“无”等哲学范畴，可以“不求甚解”，暂时搁在一边。然后可以选读一些关于老子学说的、关于中国哲学史的概括介绍，比如李申的《老子与道家》（商务印书馆 1996 年版）、冯友兰的《中国哲学简史》（北京大学出版社 1996 年版）、张起钧的《智慧的老子》（广西师范大学出版社 2006 年版）、陈鼓应和白奚的《老子评传》（南京大学出版社 2001 年版）等，逐步了解老子从他所主张的治国理政、为人处世的具体道理概括出哪些基本原则，又是如何从自然无为、贵柔守雌等原则中抽象出“道”“无”等哲学范畴的。我们会逐步理清，《老子》中那么多治国理政、为人处世的具体论述（非常道），其实都无不体现了自然无为、贵柔守雌、“反者道之动，弱者道之用”等基本原则，都和“道”“无”（常道）等哲学范畴密切相关。这样我们就能够逐渐明白，原来“常道”与“非常道”之间，其实就是普遍的哲学原理与具体的政治学、伦理学等具体理论之间的关系，我们也就明白了老子哲学之产生过程，进而懂得：任何哲学无论多么玄远莫测，都是植根于现实生活的。

《老子》一书博大精深，值得我们专心探究。但是探究《老子》不仅需要了解老子的思想，还需要我们了解先秦诸子的思想，乃至整个中国、世界文化发展的历史状况，不仅需要我们了解古代，还需要我们了解现当代。这其间有着千丝万缕、不可分割的联系。随着我们学习研究的深入，我们将会见到现当代许多学者对于老子学说提出的新的见解，激发、引导着我们了解并且参与古今中外关于老子哲学的对话、交流。比如刘笑敢的《老子古今》（中国社会科学出版社 2006 年版）和《老子》（台湾东大图书公司 1997 年版）、王博的《老子思想的史官特色》（文津出版社 1993 年版）、董光璧的《当代新道家》（华夏出版社 1991 年版）等著作，提出了许多新的观点，有助于我们开阔视野，从大的方面把握老子的思想、学说。在新的形势下，以新的理论视野审视老子思想，主客观视界融合，必将会获得新的思考、新的感悟、新的乐趣。我们会了解，现当代特别应该重视也确实引起了重视的中国传统文化中注重自化自为、注重“中道”、和谐发展的理念，人类必须与自然和谐相处的理念，乃至于许多科学家对于《老子》之“道”，都深表认同、深表叹服。这些足以进一步激发起我们深入探究老子的强烈兴趣与愿望。

作为老子哲学的爱好者，笔者多年来一直将研读、教学《老子》作为一种业余的爱好。本人学习、研究老子的一点心得，请见本书附录《漫步林中路——读〈老子〉漫笔》，一得之见，野人献曝，希望能与各位年轻朋友分享。如果各位有兴趣深入研究老子，自然会涉猎关于《老子》乃至中国古代哲学、文化的诸多古典文献，无须我在此饶舌了。有机缘与《老子》相伴，确实是一种人生的乐趣。

总之，学习《老子》需要把阅读原著与阅读有关参考书籍结合起来，把文字训诂与义理阐释结合起来，把对于书中论述的具体道理与抽象哲理的理解相互结合起来，把对于《老子》的深入研究与对相关领域、学科的广泛涉猎、广泛的对话交流结合起来，这样不断反复，周而复始，对老子的理解，自然会逐步地螺旋式上升。这样，我们不仅能够读懂《老子》，也能够读懂“哲学”，《老子》中的“常道”终究会初露端倪，从不可言说到略知一二、意会言传，由此，语言素养、思维素养、审美素养、传统文化素养都会获得发展与提升。

《普通高中语文课程标准》（2017 年版）中强调语文核心素养包括语言素养、思维素养、审美素养、传统文化等四个方面，强调阅读整本书，阅读思辨性论说文。希望拙作能够成为具有中学学力的读者喜欢的、关于《老子》的通俗读本，退可粗通《老子》，知其大略，窥斑见豹（阅读本书主体部分，并参看附录第一到四节），进可抵达老学前沿，登堂入室（阅读本书主体部分，并参看附录全文），进而阅读其他与老学有关的著作、论著等，这对于我们掌握思维方法，感悟人生智慧，提升人生境界，必将有所裨益。

目　录

第一部分　概说『道』

本部分包括《一章》至《三章》，从抽象到具体，概括阐述了《老子》全书的内容：以『道论』为哲学基础的治国理政理论，以此作为全书的绪论。

一　章

道可道[①]，非常道[②]；名可名[③]，非常名。无[④]，名天地之始；有[⑤]，名万物之母。故常无，欲以观其妙；常有，欲以观其徼[⑥]。此两者，同出而异名[⑦]，同谓之玄[⑧]。玄之又玄，众妙之门[⑨]。

注释

①道：第一个“道”，到老子之时，含义已经很广泛：有“道路”之意，如《易经》“履道坦坦，幽人贞吉”；有“具体的道理”之意，如《尚书》“无有作好，遵王之道”；有“方法”之意，如《尚书》“我道惟宁，王德延”；又有“言说”之意，如《诗经》“中冓之言，不可道也”。《尚书序》说：“少昊、颛顼、高辛、唐、虞之书，谓之五典，言常道也。”这里的“常道”一词，指一般的道理，形而上学的道理。冯友兰先生考证，古时所谓道，均为具体的道理，到了老子才赋予道形而上的意义。老子要宣示上天大道，必须一开始就澄清概念，强调他下面要讲的道，不是一般的道理，即“非常道”，而是具有形而上意义的“常道”。可道：可以说得出。

②非常道：不是恒久之道，指具体的道理，形而下的道理，

比如诸多的治国理政、为人处世之道。

③名：第一个“名”，意为名称、称谓，指对道加以一定的称谓。可名：可以命名的。

④无：这里指没有形象、称谓，指没有天地时混沌朴素的本始状态。

⑤有：这里指有形象、可以称谓，指天地万物初生时，具有能够被感知的效用与确定性。万物来源于“常道”，就是来源于“有”与“无”的统一。

⑥徼（jiào）：边际，区分。

⑦同出而异名：指“无”与“有”都出于“道”而名称各不相同，“道”是有与无的统一，参见下文（《十一章》）。

⑧玄：玄妙莫测。

⑨众妙之门：（“道”是）各种微妙变化的总门径。

译文

道是可以用语言文字来表述的，可是那并不是常道；名也是可以用文字来表述的，但那并不是常名。（常道）可以说它是无，因为它在天地创始之前；也可以说它是有，因为它是万物的母亲。所以，常从无的角度，将以观察“道”的奥妙；常从有的角度，将以观察“道”的边际。实有与虚无同出于道而名称不相同，都可以说是玄妙莫测。玄妙而又玄妙啊，正是宇宙间万般奥妙变化的总门径。

评析

《老子》是教导君主侯王如何治国理政、为人处世的一本书。治国理政、为人处世的道理千头万绪，千言万语从何说起？老子的策略是以简驭繁、以一总多：先从“道”讲起。这个“道”不是具体的治国理政、为人处世之道，而是统领这些具体道理的“常道”，而那些治国理政、为人处世之道则是“非常道”。“常道”是恒常不变的，“非常道”则是经常变化的。拿现在的观点看，“非常道”就是形而下的具体的道理，“常道”则是从“非常道”中抽象概括出来的形而上的哲学原理，抽象、概括的程度高一点，自然变化也少一点。

讲治国理政、为人处世的道理，从“常道”开始讲起，以道统术，有理论高度，能以简驭繁，以一总多，确实是一种十分可取的讲法。但是老子这么开讲，还另有深意。老子讲的治国理政、为人处世之道，与当时流行的说法，都有所不同。他主张的“自然无为、贵柔守雌”，与自强不息、奋发刚强等传统、流行的观点迥然不同。简言之，大家追求的是“有”，老子主张的是“无”；大家习惯的是“正”，老子偏偏主张“反”。面对礼崩乐坏的现实，当时的儒家主张“正名”，法家主张“循名责实”，都主张“立名为教”，老子偏偏说常道不可名言。一般说来，老子的说法似乎违背常理，很难赢得信任，所以老子必须特别强调这个“常道”的特点、权威，让人们相信、信仰这个“常道”所蕴含的玄妙的形而上的抽象道理，进而相信、信仰他所讲解的那些治国理政、为人处世的形而下的具体道理。所以《老子》中，老子偏偏赋予

“常道”以“无”的特征，赋予“常道”以反向运动的特征，赋予“常道”以不可名言的神秘性，赋予“常道”以如同天地一样的生化万物的神奇本领。

《老子》全书分两个部分，前面是“道经”，主要讲“道”“常道”，但是离不开以治国理政、为人处世方面的事例事理；后面是“德经”，讲的就是体现“常道”的治国理政、为人处世之道，体现了“道”与“术”的和谐统一，抽象与具体、理论与实践的和谐统一。

本章是《老子》第一章，提出了几个核心概念，揭示了其间的内在联系，起着统领全书的作用。

本章中老子提出了三个概念：道、无、有。

什么是“道”？“道”有不同层次之分，有“常道”“非常道”之分。“非常道”就是一般的、比较具体的道理，比如治国理政、为人处世的道理，这些是可以言说、谈论的，又可以称为“对象化之道”（也称作主客二分之道）。老子在本章中讲的主要是“常道”（也称天人合一之道，非对象化之道，详见本书附录《漫步林中路——读〈老子〉漫笔》中《中观哲学视域下的老子》），这是不可称说、不可谈论的。因为老子规定，这个“常道”是天下万物的总的根源，它生化万物，在人类产生之先就已经存在了，是处于主客二分之外的“非对象化之道”，既然如此，哪里可能称说、谈论呢？（所谓不可言说，其实是指不可以理性语言言说，而需要以诗性语言言说，因为关于“常道”的思维乃是诗性思维、意象思维。）“常道”又是天下万物存在的总的依据，包括君主侯王们制订治国理政、为人处世的价值标准和认识方法的总依据，自然是无比深奥、无比抽象，实在是难以言说、难以言传的了。“常道”之所以称之为“常道”，因为它具有恒久不变、循环运动的特点。“常”，就是“恒”的意思，而“恒”就含有恒久不变、循环运动的意思。这就揭示了永恒的循环运动乃是“常道”最重要的特征。《老子》中讲的道理，千言万语，可以归结为“反者道之动，弱者道之用”（《老子·四十章》），是以道的“恒久不变循环运动”为基础的。《老子》之中有七十多处谈到“道”，包括“对象化之道”与“非对象化之道”。“对象化之道”是形而下的具体的道理，是由形而上的非对象化的“常道”派生而来，包括正反相成的“规律之道”、以柔克刚的“处事之道”与无为而无不为的“治国之道”，分别代表老子在认识论、人生论与政治论上的主要观点。老子就这样在与“非常道”的区别、对比中突出了“常道”的特点（胡伟希：《中观哲学导论》，北京大学出版社 2016 年版；林光华：《〈老子〉之道及其当代阐释》，中国人民大学出版社 2015 年版）。虽说“常道”不可言说，在本章中，老子还是简略地给谈论“常道”提供了话头：道（常道）是有、无的统一。

什么是“无”？“无”不是什么都没有，而是指“常道”没有形象，不可感知，没有意志欲望，它和具体的事物不同，指的是不确定性的存在。

什么是“有”？“有”是指“常道”是万物的开端，具有能够被感知的效用与确定性，具有生化万物的能力。

万物来源于“常道”，就是来源于“有”与“无”的统一，即

所谓“体用合一”，就是说“道”从“体（形体）”上说是“无”，从“用（效用）”上说是“有”。

《老子》中千言万语，核心理念是“自然无为、贵柔守雌”，离不开一个“无”（无名、无知、无己、无欲、无为），所以必须突出“有无相生”，突出这个“无”字。在后面的论述中，我们可以看到，《老子》认为“道统有无”，但是更多侧重于“无”。到了王弼注释老子，直接明确《老子》的哲学基础就是“以无为本”。我们将会看到，《老子》讲的治国理政、为人处世的具体的道理，都是统领于这个“无”、这个“常道”之下的，都是由这个“常道”所倡导的思维方法推演出来的。联系实际，我们不难理解，君主侯王果真能够做到“无己、无欲、无为”，做到自然无为、贵柔守雌，天下治理、为人处世即使说不上易如反掌，确实也会少了很多麻烦。可以说，这个“道”、这个“有”和“无”的辩证法，不仅蕴含了天下万物的运行的必然规律，确实也蕴含了治国理政、为人处世的应然之道。老子这样规定“道”的特征，“道”既体现了真实性、科学性，又具有理想性、模糊性。科学讲究真实性，宗教讲究信仰，“道”处于两者之间，具有无限的包容空间。这也是它难以言说的原因之一吧（刘笑敢：《老子古今》，中国社会科学出版社2006年版）。

二　章

天下皆知美之为美[①]，斯恶已[②]；皆知善之为善，斯不善已。有无相生，难易相成，长短相形，高下相倾[③]，音声相和[④]，前后相随[⑤]。是以圣人处无为之事，行不言之教；万物作而弗始[⑥]，生而弗有[⑦]，为而弗恃[⑧]，功成而弗居[⑨]。夫唯弗居，是以不去[⑩]。

注释

①美之为美：美之所以成为美的原因，即有了美的观念和标准。这些观念和标准一旦形成，就成了人们脑子里的固定模式。

②斯：这样，就。

③倾：区分，区别。

④音声相和：音和声两者依靠相互对立而得以协调和谐。音，不同声的组合。声，单个的音。

⑤随：依随。

⑥作：兴起，生长。

⑦有：占有。

⑧恃：依仗。

⑨居：居功自傲。

⑩去：失去。

译 文

天下的人都知道美之所以为美，就产生了丑；都知道善之所以为善，就产生了不善。有和无是相互依存的，难和易是相互促成的，长和短互为比较，高和下互为区别，回音和声响互相和谐，前边与后边互相伴随。所以，圣人用“无为”的态度、方式来处理事务，施行的是不言的教化；（它）听任万物生长而不首倡，生养（万物）而不据为己有，施予（万物）而不依仗，功业成就了也不居功自傲。不居功自傲，因此他的功劳不会失去。

评 析

本章可以分作两个层次。第一个层次阐述了天地万物之间相互依存、相互转化、相互作用、密不可分的辩证关系。从上一章中“常道”的观点看来，道生万物伊始，万物一体，混沌不分，美丑、善与不善、有无、难易、长短、高下、音声、前后等世间万物的区别、对立，都是由形而上的“常道”下落到形而下的“非常道”中才形成的，因而是可以相互转化的，不可以过分执着，过分追求那个肯定的、积极的一面。

这个思想在庄子那里得到进一步发扬光大，成为获得精神解脱、精神自由的良药——这个思想正是君主侯王治国理政、为人处世中老是想不开、老是犯错误的关键所在。老子、庄子为代表的道家学说，始终希望我们为人处世进入无己无欲的境界，也就是“非对象化”的境界，主客不分、天人合一的境界。一旦进入那种境界，无论什么都好办了，世间所有认知、评价、意向之间的差异矛盾，都会归真返璞，回到混沌一体、天人合一的没有差别的整一状态。按照道论揭示的规律，世间万物由“无”（混沌一体）产生，朴散而为器，由形而上落入形而下，形成世间千差万别的事物事理，最后又复归于“无”（混沌一体）的状态。

本章第一层老子在讲了这个根本性的大道理以后，又讲了第二层：君主侯王应该“自然无为”。所谓无为，就是“处无为之事，行不言之教”；所谓自然，就是“万物作而弗始”，“生而弗有，为而弗恃，功成而弗居”。这样无为而治，反而可以收到“无不为”的效果，“功成而弗居……是以不去”。两层之间以“是以”连接，体现两层之间的逻辑联系。

美丑、善与不善、难易、高下、前后等，矛盾的双方都是相互依存、相互转化的。从“道”的观点看，万物一体，混沌不分（参见下文对“道”的描述），这些区分均可视为“齐同”。老子侧重抓住矛盾双方相互转化这一点，强调矛盾的转化，强调“以反彰正、以反求正”，这一观点成为《老子》讲解的治国理政、为人处世之道的重要理论基础。

至于庄子，则侧重抓住了矛盾双方齐同为一（见《庄子·齐物论》），老子、庄子均以“常道论”作为论证的本体论依据。

三 章

不尚贤[1]，使民不争；不贵难得之货，使民不为盗[2]；不见可欲[3]，使民心不乱。是以圣人之治，虚其心，实其腹，弱其志，强其骨[4]。常使民无知无欲[5]，使夫智者不敢为也。为无为，则无不治。

注 释

①尚贤：崇尚、推崇有才干和德操的人。

②盗：以不正当手段谋取自己的利益。

③见（xiàn）：同“现”，显露。

④虚其心，实其腹，弱其志，强其骨：虚、实、弱、强皆为使动用法。

⑤无知无欲：没有奸巧伪诈的心智，没有过度的欲望。知，同“智”。

译 文

不崇尚贤能之辈，（方能）使百姓不相互争斗；不看重难得的珍奇财宝，（方能）使百姓不偷盗；不显露足以引发欲望的事物，

（方能）使百姓的心思不被搅乱。所以，圣人治国理政，是使百姓心里谦卑，腹里饱足，意志薄弱，筋骨强壮。常使百姓没有奸巧伪诈的心智，没有过度的欲望，使想卖弄智慧的人也不敢胡作非为。用无为之道治国理政，则没有治理不好的。

评 析

本章在《二章》的基础上，提出“无为而治”的治国理政理念，提出的“不尚贤”“不贵难得之货”“不见可欲”的治国理政思路，语出惊人，目的是劝导君主侯王节制贪欲，清心寡欲，无为而治，不要无事生非，方能使百姓安居乐业、自然和谐。“无为而治”堪称是老子治国理政理论的纲领。所谓“无为而治”，具体而言，就是“不尚贤”“不贵难得之货”“不见可欲”“使民心不乱”“使民无知无欲”。拿现在话说，就是淡化相互对立的价值观念（《二章》所说的美丑、善与不善、有无、难易、长短、高下、音声、前后等），消除过度追求具有积极意义的价值目标的欲望，可以遏制贪欲，遏制作恶。欲望本是双刃剑，可以是激发人内心前进、为善的动力，也可以成为贪得无厌、逞强好胜，引诱人堕落、作恶的渊薮。老子之所以这么说，是因为他针对的是那些贪得无厌、逞强好胜的君主侯王，可谓有的放矢，有感而发。“无为而治”事实上成为下文他所论说的治国理政、为人处世之道的总纲领。

第二部分 『道』之体

本部分包括《四章》至《九章》，阐述了『道体』的若干特点：有无相生、似无实有、清虚无为、柔弱守下、物极必反，为介绍道之内在特性打下基础。

四　章

道冲[①]，而用之或不盈[②]。渊兮[③]，似万物之宗[④]。挫其锐，解其纷，和其光，同其尘[⑤]。湛兮[⑥]，似或存[⑦]。吾不知谁之子，象帝之先[⑧]。

注释

①冲：空，虚。

②盈：满，引申为“穷尽”。

③渊：深远，幽深。

④宗：祖宗。

⑤挫其锐，解其纷，和其光，同其尘：挫，消磨。纷，纷扰。和，合。同，混同。尘，尘土，这里指尘俗、尘世。

⑥湛：沉，这里引申为“隐约”的意思，形容“道”隐没于冥暗之中，不见形迹。

⑦似或存：似乎无，似乎有，形容道若无若存。

⑧象：像，似。帝：天帝。

译 文

道空虚无形，然而使用它或许无穷无尽。它是如此渊远深奥啊，像是万物的祖宗。消磨它的锐气，消除它的纷扰，混合它的光辉，混同它于尘俗之中。它是如此隐秘啊，看上去似有似无。我不知道它是谁的后代，好像是在天帝之前。

评 析

本章通过概括描述，突出“道体”的特点，就是“有”与“无”的辩证统一：冲虚无形（无），而又效用无比（有）。所谓无，体现在道体的冲虚无形，具体表现在“道冲”“渊”；所谓“有”，体现在道之用：“万物之宗”“象帝之先”。道之体用堪称“似无实有”：“挫其锐，解其纷，和其光，同其尘”——就像得道的高人。《老子》中仅有一次提到“帝”，而“道”居然好像在“帝”之先。老子实际上否定了在他之前上帝造物的神话，是思想史上的重大飞跃。与上帝做比较，道是无意志、无目的、无感情的上帝，上帝是有意志、有目的、有感情的道。蒂利希认为我们应该寻找一个超人格化的上帝，老子之道堪称理性化的上帝。

本章及其以下各章，在描述道的特征时，凸显了“道”的虚静、柔弱、自然、无为而无不为等，虽然在大自然中可以隐约看到某些依据，但是老子绝对不是在做自然科学的研究，他归纳、概括自然之道和天地之道的特点，只是希望为他论述的所有治国理政之道提供尽可能丰富的宇宙发生论、本体论（哲学理论）依据。

五　章

天地不仁[①]，以万物为刍狗[②]；圣人不仁，以百姓为刍狗。天地之间，其犹橐籥乎[③]？虚而不屈[④]，动而愈出。多言数穷[⑤]，不如守中[⑥]。

注　释

①仁：仁慈，这里的意思是偏爱。

②刍狗：用草扎成的狗。

③橐籥（tuó yuè）：鼓风机，风箱。

④屈：穷尽。

⑤数：通“速”，加速。

⑥中：通“冲”，虚，虚静。

译　文

天地没有偏爱，把万物视为祭神用的草狗；圣人没有偏爱，把百姓视为祭神用的草狗。天地之间，不正像一个风箱吗？虚静而不穷尽，越动而风越多。政令繁苛反而加速毁灭，不如持守虚静之道。

评 析

本章以天地、圣人为例，以鼓风机做比喻，凸显“道体”的似无实有。《老子》主张，圣人、天地均应“不以仁恩，任自然也”（河上公），“仁者必造立施化，有恩有为。造立施化，则物失其真”（王弼）。可见“天地不仁”“圣人不仁”，正体现了“道”的无为，亦即“无”，而这种所谓的“不仁”正是大仁大爱，所以是“似无实有”。这正如鼓风机“虚而不屈，动而愈出”。最后以“多言数穷”做对比，归结到“不如守中”上，肯定“道体”“似无实有”，坚守自然无为、贵柔守雌之道为尚。

六 章

谷神不死①，是谓玄牝②。玄牝之门③，是谓天地根。绵绵若存，用之不勤④。

注 释

①谷神：道的别名。谷，形容道虚空博大，犹如山谷；神，形容道变化无穷、神妙莫测。

②玄：玄妙。牝：雌性动物的生殖器。

③门：产门，比喻孕育生养出万物的根源。

④勤：穷尽。

译文

（道）如同虚空博大的山谷，神妙莫测，永生不死，是孕育宇宙万物的母体。这个母体的门户，便是天地的根源。绵绵不绝好像永远存在，效用永无穷尽。

评析

本章以谷神、玄牝为比喻，显示“道”的似无实有，是“有”与“无”的辩证统一：冲虚无形（无），而又效用无比（有）。以谷神、玄牝指称“道”，形容道体空虚无形，化生天地万物，具有无限神奇的创造能力。“不死”“绵绵若存”“用之不勤”，形容道的效用，无穷无尽，永恒存在。

七章

天长地久。天地所以能长且久者，以其不自生，故能长生。是以圣人后其身而身先，外其身而身存①。非以其无私邪？故能成其私②。

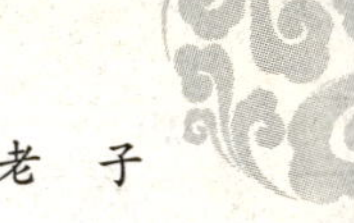

注释

①外其身：将自身置之度外。

②成其私：成就他自己。

译文

天长地久。天地之所以能长久，因为它不为自己的私利而生存运作，所以它能长生。因此，圣人把自己置身于众人之后，反而能够居先；把自己置之度外，反而能够长存。不正是因为他无私，所以能成就他自己吗？

评析

本章以天地之道、圣人之道为例，具体阐述“道体”以及“道”之特性：不自生而能长生、“外其身而身存”、无私而能成其私，所以有生于无，无能生有，清静无为乃道之本。

需要强调的是，天长地久，是“以其不自生，故能长生”的结果，长生本不是天地的目的，而是“不自生”的自然结果，圣人“后其身”“外其身”也是真诚的，而不是为了达到“身先”“身存”而故施伎俩。同样，“成其私”不是刻意追求、欺骗的结果，而是因其无私而自然获得的结果。这里是为了举例说明清静无为之道，显示相反相成的辩证规律，而非宣扬传授世俗的虚伪权术、阴谋诡计。

“天长地久”是对宇宙自然界的描述和判断，是老子理论的前提，具有实然的性质。下面说“天地所以能长且久者，以其不自生，故能长生”，体现了圣人为人处世的价值原则（不居功自傲等），具有应然的性质。按照休谟说法，实然与应然是不可混淆的，老子乃至中国哲学都认为两者是统一的，体现了人与自然万物的和谐一体。

八　章

上善若水①。水善利万物而不争，处众人之所恶②，故几于道③。居善地，心善渊，与善仁，言善信，政善治，事善能，动善时。夫唯不争，故无尤④。

注释

①上善：至善。

②恶（wù）：厌恶。

③几（jī）：接近。

④尤：过失。

译文

最高的善像水一样。水善于滋养万物而不与万物相争，处身于众人所厌恶的地方，所以接近于道。（他）处于卑下潮湿之地，心志像水那样博大深沉，交友像水一样亲善仁爱，言语像水一样不失其真，做事像水一样得心应手，行动像水一样合乎天时。唯有不争不竞，因此无过无失。

评析

本章以水的美德做比喻，说明“道体”以及“道”的特性。水滋润万物，生化万物，具有上善之德；水居于洼地，谦虚处下，幽深清澈，言语诚信，灵活应变，顺应自然，柔弱不争，具有智者的特性，也体现了“道”的特性，“道”的智慧：自然无为、“柔弱胜刚强”、“无为而无不为”——这些都是老子哲学的核心观点。

九 章

持而盈之[1]，不如其已[2]；揣而锐之[3]，不可长保。金玉满堂，莫之能守；富贵而骄，自遗其咎[4]。功遂身退[5]，天之道也。

注释

①持：手执，手捧。盈：满。

②已：停止。

③揣（chuí）：通“锤”，锤击。

④遗：留下。咎：过失，灾祸。

⑤遂：成功。

译文

执持而使它满盈，不如适时停止；锤击而使它锐利，不能长久保持。金玉满堂，没有谁能够守护；富贵而骄，自己招致灾祸。功成名就，自己主动告退，这正合上天之道。

评析

本章列举了大量事例，说明了许多为人处世之道：不可自满，锐物易折，财多反失，功成身退。不难发现老子阐述这些具体的人生经验、道理，都是为了说明更为深刻的根本的哲理：物极必反、“反者道之动”，因为执持盈满、锋芒毕露、金玉满堂、富贵而骄，都不是好事情，所以必须持守虚静柔弱之道。从道家哲学出发，上述人生经验，绝非明哲保身的一时权宜之计，比如功成身退，应该是建立在对宇宙、社会、人生根本理解的基础之上的，是自然的、轻松的、平静的，绝非打小算盘，搞阴谋诡计。这样理解，老子哲学就具有了积极的意涵。

第三部分 『道』之性（一）

本部分包括《十章》至《十六章》，阐述了『道』的本质特性（之一），突出道性的清静柔弱，以治国理政、为人处世方面的事例事理为例，加以阐述。其中的第十五章，描绘了得道者的形象、心理，形象地显示出『道』的特点。

十 章

载营魄抱一[①]，能无离乎？专气致柔[②]，能如婴儿乎？涤除玄鉴[③]，能无疵乎？爱民治国，能无为乎？天门开阖[④]，能为雌乎[⑤]？明白四达，能无知乎[⑥]？生之畜之[⑦]，生而不有，为而不恃，长而不宰[⑧]，是谓玄德[⑨]。

注 释

①载：发语词，相当于“夫”。营魄：魂魄，指精神、灵魂。

②专气：聚集精气。

③玄鉴：形容人的心灵观照万物，清澈如镜。

④天门：指耳、目、口、鼻等感官。

⑤雌：比喻安静柔弱。

⑥知：同“智”。

⑦畜：蓄养。

⑧宰：主宰。

⑨玄德：玄秘深奥的德行，其核心是虚静守柔，不宰执万物。

译 文

使魂魄与道合一，能不分离吗？聚集精气归于柔顺，能像婴儿一样吗？涤除杂念心如明镜，能没有瑕疵吗？爱民掌权，能无为而治吗？开放感官，能安静柔弱吗？明白通达，能不用心智吗？生长万物，蓄养万物。生长万物却不占为己有，化育万物却不自恃己功，身为万物之主却不任意宰制，这可真是深远的恩德啊！

评 析

本章在第二部分阐述“道体”特性的基础上，阐述如何“以道修德”。首先总括指出，修道必须做到形神兼修，“营魄抱一”，做到身心与道的和谐统一，互不分离。下面先侧重谈论精神、灵魂的修养，必须聚集精气，到达柔顺和谐境界，如同婴儿一般；消除杂念，心明如镜，毫无瑕疵；治理国事、处世为人，无知无为、贵柔守雌；造化万物而不恃为己功，导引万物而不横加干涉。简言之，自然无为、贵柔守雌，这就是与道合德的“玄德”。本章虽说主要谈论精神的修养，但也自然会涉及身体的修炼，“营魄抱一”“专气致柔”“涤除玄鉴”等观念，更发展成为养生气功的基础理论。

老子从现实中感受到，君主侯王治国理政、为人处世最大的问题在于贪得无厌、逞强好胜，因此需要告诫他们清心寡欲、贵柔守雌。在对自然天象的观测中，老子认识到天道（天体运行之道）化育万物，“为而不恃，长而不宰”，与现实中的“人之道”恰恰相反。于是从天之道中抽象概括出“道”这个范畴来，说它在天地万物之前就存在，天道的特点，可以作为“人道”的榜样、准则，这就是“自然无为、贵柔守雌”的价值原则。这与“道体”的有无相生有着密切关系。请见第十一章。

十一章

三十辐共一毂①，当其无②，有车之用。埏埴以为器③，当其无，有器之用。凿户牖以为室④，当其无，有室之用。故有之以为利，无之以为用。

注释

①辐：车轮中连接轴心与轮圈的木条。毂：车轮中心有圆孔的圆木，可以插轴。

②无：指毂中间空的地方。

③埏埴（shān zhí）：糅合黏土来制作器皿。

④户牖（yǒu）：门窗。

译文

三十根辐条集中在一个车毂中，有了车毂中间空的地方，车

子才有了用处。糅合黏土来制作器皿，有了器皿中间空的地方，器皿才有了用处。开凿门窗建造房屋，有了门窗中间空的地方，房屋才会有用处。所以“有”给人们的便利，（是由于）“无”发挥的作用啊。

评析

本章讲“修德”就要像道一样“有无相生”。本章借助车辆、陶器、房屋等日常事物做比喻，形象论述了“有”与“无”之间的辩证关系。“当其无，有室之用”的表述方式突出了“无”对于具体存在物的意义。“有”具有意义，这是常识，《老子》在这个常识之外强调了“无”的意义，并不是要否定“有”的意义，只是针对世俗的偏见，凸显“无”的意义而已。对于具体存在物而言，“有”与“无”的意义是不可偏废的，两者又必须相互依存，才能使具体存在物发挥其“功用”。

本章中对具体存在物之功能性存在的根据的考察，尚属于“非常道”的范畴，因为其所谓“有”与“无”都还是有具体内容的。《老子》中对事物存在根据的考察并未停留在具体经验的层面，而是又对有着具体经验内容的“有”与“无”作了进一步的抽象，从而抽象到“常有”和“常无”的高度。具体的“有”“无”只能运用于某个具体的事物，而“常有”“常无”则可以施之于任何事物的存在，可以作为任何事物存在的根据。这样，《老子》就由具体的“有”“无”所构成的形下之“道”，上升为由“常有”“常无”构成的形上的“常道”。“常有”“常无”中的

“有”与“无”含义更加广泛，比如有形与无形、有限与无限、在场与不在场、存在与不存在、肯定与否定等，形而下与形而上，体与用——但是两者之间关系，不外相互依存、相互转化、相互为用的辩证关系。

谈论精神修养必须针对人性的特点。一般人都会看重“有”而忽略“无”，君主侯王最为致命的缺陷就是贪欲无度、逞强好胜，所以老子在这里讨论“有无”的问题，有着极强的现实意义，在思想史上也具有极强的理论意义。

十二章

五色令人目盲①，五音令人耳聋②，五味令人口爽③，驰骋畋猎令人心发狂④，难得之货令人行妨⑤。是以圣人为腹不为目⑥，故去彼取此。

注释

①五色：指青、黄、赤、白、黑。泛指色彩众多。

②五音：指宫、商、角、徵（zhǐ）、羽，中国古代音乐中的五个音阶。泛指变幻的音响。

③五味：指酸、苦、甜、辣、咸。泛指美食。口爽：口舌生

病，味觉失灵。爽，伤。

④驰骋：纵马奔驰。畋（tián）猎：猎取飞禽走兽。

⑤妨：妨害，伤害。

⑥为腹不为目：只求温饱恬淡，不纵情声色。“为腹”代表一种简朴宁静的生活态度，“为目”代表一种放纵多欲的生活态度。

译　文

缤纷的色彩使人眼睛昏花，变幻的音响使人耳聋，精致的美食使人味觉受伤，驰骋打猎使人心意放荡，珍奇财宝使人行为不轨。因此圣人但求温饱而不纵情声色，所以摒弃物欲的诱惑而保持知足安定的生活状态。

评　析

历来有说法认为道家主张“无欲”就是主张禁绝一切欲望，违背人性，不切实际。本章针对这种误解，阐释了“无欲”的内涵。开头以五个句子组成排比句组，指出过度的声色之乐的危害——直接损害感觉器官，损害身心行为，“是以”引出结论，以圣人所为树立榜样：“为腹不为目。”这个形象的说法的含义是：可以追求基本的有益的欲望，而不要追求过度的有害的欲望。根据马斯洛的需要层次理论，人的基本需求和动机有强度或优先程度的不同，越是基本的需求，其强度越高，一种较低级的需求满足后，才会有较高级的需求。“为腹不为目”就是保证最基本需求的优先地位，而把更多的过分的感官享受放在第二位。老子也重视更高层次的超越性的精神追求，如“知天下”“见天道”“为天下式”等。从“为腹不为目”得出老子思想消极是没有道理的。老子主张“道”具有清静无为的特点，努力消除过度、非分的欲望，则是修道所必需的。

十三章

宠辱若惊[①]，贵大患若身[②]。何谓宠辱若惊？宠为下，得之若惊，失之若惊，是谓宠辱若惊。何谓贵大患若身？吾所以有大患者，为吾有身，及吾无身[③]，吾有何患？故贵以身为天下，若可寄天下[④]；爱以身为天下，若可托天下。

注释

①宠：宠爱，得宠。辱：侮辱，受辱。若：就。惊：惊慌，惊恐。

②贵：珍惜，看重。若：像。身：身体。

③及：如果。

④寄：寄托，托付。

译文

（人们）得宠和受辱就感到惊恐不安，（因为他们）重视自己的身体就像重视大患一样。为什么说得宠和受辱就会惊恐不安呢？得宠是卑下的，得到时吃惊，失去时也吃惊，所以说得宠和受辱就会惊恐不安。为什么说重视自己的身体就像重视大患一样呢？我之所以有大患，是因为我有这个身体，如果我没有这个身体，我还会有什么祸患呢？所以能够以重视自身性命的态度去治理天下的人，就可以寄托天下；用爱惜自己生命一样的态度去治理天下的人，就可以委托天下。

评析

本章分作两层，第一层先描绘人们“宠辱若惊”，究其原因是因为人们患得患失，把宠辱这些祸患看得与自己身体一样。怎样消除这些祸患呢？“吾所以有大患者，为吾有身，及吾无身，吾有何患?”似乎主张“忘身”“外身”。第二层讲:“贵以身为天下，若可寄天下；爱以身为天下，若可托天下。”似乎主张“贵身”“爱身”。前后似乎相互矛盾。其实第一层中“无身”之身，意指一己之利，是世俗利益之身，必然引起利益纷争，与“大患”相同。第二层中“贵身”之身，是生命本真，是脱离了世俗利益纠缠的“真身”。“无身”“贵身”表面上相互矛盾，其实是统一的。无身者，无欲则刚，宠辱自若；贵身者，珍惜自然，珍惜生命，不以身殉物，能推己及人。老子“贵身”之“身”是有高尚灵魂之“身”，“无身”之“贵身”，绝非行尸走肉，而是“营魄抱一”，形神兼修，相互为用，成就的是深谙自然无为、清净柔弱之道的圣人。

十四章

视之不见，名曰“夷”[①]；听之不闻，名曰“希”[②]；搏之不得，名曰“微”[③]。此三者不可致诘[④]，故混而为一[⑤]。其上不皦[⑥]，其下不昧[⑦]，绳绳兮不可名[⑧]，复归于无物[⑨]。是谓无状之状，无物之象，是谓惚恍[⑩]。迎之不见其首，随之不见其后。执古之道，以御今之有[⑪]。能知古始[⑫]，是谓道纪[⑬]。

注释

①夷：无色。

②希：无声。

③微：无形。

④致诘：思议，深究。

⑤混：混沌不分。一：指“道”。

⑥皦（jiǎo）：同“皎”，清晰，光明。

⑦昧：阴暗，昏暗。

⑧绳绳：绵绵不绝。

⑨无物：无形无状的“物”，就是“道”。

⑩惚恍：若存若亡，若有若无。

⑪御：驾驭。

⑫古始：宇宙的原始。

⑬道纪：道的纲纪。

译文

看它看不见，叫作“夷”；听它听不到，叫作“希”；摸它摸不到，叫作“微”。这三者不可深究，因此它们混沌为一体。它的上面不光明，它的下面不昏暗，绵绵不绝，不可言说，回归到空虚无物的状态。它是没有状态的状态，没有形象的形象，叫作恍惚。迎面看不见它的前头，追随看不见它的后面。把握上古之道，可以驾驭当今具体事物。能够知道宇宙的原始，这便是大道的纲纪。

评析

《老子·一章》已经简括指出道体的特点，尽管它“玄之又玄”，还是需要做具体介绍，本章就是《老子》中对道体的最为全面、具体的描绘。总括说，道体是“有无相生”的统一体，具有虚静柔弱的特点。说它是“无”，因为“视之不见”“听之不闻”“搏之不得”，混沌一体；“无状之状，无物之象”“不见其首”“不见其后”，恍恍惚惚，似有似无，无法感知，无法思考，莫可名言。说它是“有”，因为“执古之道”可以“御今之有”，“能知古始”，它是天地万物存在的依据与本源，是天地万物运行的规律。

“无”是指道之体；“有”是指道之用。“道之体”“道之用”，拿西方哲学观点来看，属于哲学上的宇宙发生论（宇宙发生论后来成为自然科学研究的内容）、本体论的问题。

十五章

古之善为士者，微妙玄通，深不可识。夫唯不可识，故强为之容[①]：豫兮若冬涉川[②]，犹兮若畏四邻[③]，俨兮其若客[④]，涣兮其若凌释[⑤]，敦兮其若朴[⑥]，旷兮其若谷[⑦]，混兮其若浊[⑧]，〔澹兮其若海[⑨]，飂兮若无止[⑩]。〕孰能浊以静之徐清[⑪]？孰能安以动之徐生[⑫]？保此道者，不欲盈[⑬]。夫唯不盈，故能蔽而新成[⑭]。

注释

①容：形容，描绘。

②豫兮：形容迟疑谨慎。豫，一种动物名，生性多疑。

③犹：一种动物名，形容小心谨慎，高度警觉。

④俨：恭敬端庄。

⑤涣：解散，这里指亲切自如。释：融化，消融。

⑥敦：敦厚。朴：未经雕琢的木料。

⑦旷：空旷开阔。谷：山谷。

⑧混：混沌。浊：不清楚。

⑨澹：宁静，一作水深不可测。

⑩飂（liáo）：大风，形容行迹飘忽。“澹兮”两句原在《二十章》，疑为本章内容，今移至此处。

⑪徐清：慢慢澄清。

⑫徐生：慢慢生长。

⑬不欲盈：不自我满足。盈，满。

⑭蔽而新成：除旧更新。蔽，通“敝”，陈旧。

译 文

古时候善于行道之士，精微玄妙而通达，深刻不可认识。因为不可认识，所以勉强来形容他：（他）审慎小心好像冬天过江，高度警觉好像畏惧四邻，恭敬严肃如同作客，亲切自在如同冰雪融化，敦实纯朴好像未经雕琢的木料，旷达通透好像高山空谷，敦厚质朴好像混沌不清。宁静深远好像大海，行迹飘忽好像没有止境。谁能让浊水平静下来，使它慢慢清澈？谁能在安定中启动而徐徐复活？持守此道的人，是不会自满的。因为他不自满，所以才能除旧更新。

评 析

以上各章（《十章》至《十五章》），通过阐述“以道修德”，显示了“道”的特点：清静柔弱。本章通过对得道者的形象描绘，用以显示“道”的这些特点，好像一张逼真生动的老子自画像。

“微妙玄通，深不可识”是对得道者的总体概括，“夫唯不可识，故强为之容”，得道者正如道之不可言说而又强为之言说一样。下面是具体描绘：好似自然超然、无所忧虑，又似谨慎犹豫、敦厚浑朴；既像专心致志，又像心无所系；似乎高度自信，又似极其谦和；似乎心无旁骛，又似通达天下。给人的感觉是大智若愚、深藏若虚。

“孰能浊以静之徐清，孰能安以动之徐生”，描述的是体道之士的静定功夫和精神活动状况。前面一句写动极生静，后一句写静极生动，两者之间辩证转化。

最后一句写得道者不求盈满，故能除旧更新。从得道者的形象中可以体悟到“道”的特性：“反者道之动，弱者道之用。”很明显，得道者身上所具有的特点，正是“道”所具有的特点：虚静柔弱，自然无为。

十六章

致虚极①，守静笃②。万物并作③，吾以观复④。夫物芸芸⑤，各归其根。归根曰静⑥，静曰复命⑦。复命曰常，知常曰明⑧。不知常，妄作凶⑨。知常容⑩，容乃公⑪，公乃全，全乃天⑫，天乃道，道乃久，没身不殆。

注释

①致：达到。

②笃：深，极度。

③并作：一起兴发。

④观复：静观万物的复归。

⑤芸芸：纷繁复杂的样子。

⑥归根：回归本原状态。

⑦复命：复归本性。

⑧常：永久，恒久不变的规律。明：明智，睿智。

⑨妄作：妄动。凶：凶险，灾难。

⑩容：涵容，包容。

⑪公：公平，公正。

⑫天：天地自然。

译文

达到极度的空虚，持守极度的清静。万物一起兴发，我静观万物的循环往复。万物纷繁复杂，各自回归根本。回归根本叫作虚静，虚静叫作复归本性。复归本性叫作永恒，认识永恒叫作明智。不认识永恒，就会任意妄为做出凶险的事。能够认识永恒就能包容，能够包容就能公正，能够公正就能周全，能周全就能符合天地自然。能够符合天地自然就能符合道，能符合道就能长久，终身不会有危险。

评析

本章具体描述了“修道”的过程，显示了“道”“常道”的特点。开头指出修道的功夫就是“致虚极，守静笃”。“致虚极”，就是排除杂念、不抱成见、不存私欲，达到“虚无”的境界；“守静笃”就是不受干扰，内心宁静，达到“清静无为”的境界。“致虚极，守静笃”，形容修道功夫到达极致，笃实坚定，那就会达到圣人的境界。如何致虚守笃呢？观复——静观万物，复归其本性。虽然万物并作、纷纷纭纭，但是按照常道，莫不循环往复，回归其本性，也就是“归根”“复命”。万物的本性是什么呢？就是道、常道。道、常道的特点是什么呢？一是“反者道之动”，道的运动规律就是循环反复，不断回归本原；二是“弱者道之用”，是虚静柔弱、自然无为，简言之，是“无”。修道，就是根据道的特点回归本原，恢复“道”的虚静柔弱、自然无为的本性。回归常道就是明智，明智就会通达包容，就会大公无私，就能统治天下，泽被万物，天人合一，这就是得道，得道者自当长治久安，没有任何危险。由此可见，修道，必须采用合乎道的本性（反；虚静柔弱、自然无为）的方法——致虚守静、归根复命，“以道修道”，就是说“按照道的特性去修道”，修道的目标、方法、途径，均离不开道，修道就是与道合一。

第四部分　『道』之性（二）

本部分包括《十七章》至《三十一章》，阐述了『道』的本质特性（之二）——自然无为，列举治国理政、为人处世方面的事例加以阐述。其中的《二十章》，描绘了得道者的形象、心理，显示『道性』自然无为、虚静柔弱的特点。

十七章

太上[①]，不知有之；其次，亲而誉之；其次，畏之；其次，侮之。信不足焉，有不信焉。悠兮其贵言[②]。功成事遂，百姓皆谓："我自然[③]。"

注释

①太上：太古最好的君主，指无为之君。

②悠兮：悠闲自得的样子。贵言：指不轻易发号施令。

③自然：本来就是如此。

译文

太古最好的君主，人们感觉不到他的存在；次一等的君主，人们亲近并赞美他；再次一等的君主，人们畏惧他；更次一等的君主，人们侮辱他。君主的诚信不足，人们才会不信任他。君主悠闲自得，不轻易发号施令。大功告成之后，百姓都说："我们本来就是这样。"

评 析

本章以及随后的《十八章》《十九章》，讨论的是为何治国理政，从中显示出的都是“自然无为”的道理。

本章分两层。第一层将四种统治效果由好到坏依次排列，第一种是无为而治，属于道家；第二至四种属于儒家、法家等，每况愈下，由此肯定道家的治国之道。指出治国者要注重信誉，不要轻易发号施令，这是对“无为而治”的具体的补充说明。第二层写实施无为而治的结果：“百姓皆谓‘我自然’。”治国者以“自然”为目标，实行无为之治，则百姓也会感到“自然”，而不知治国者的存在。

老子思想中“自然”有两层意思，一层是就君主侯王而言，是说君主侯王不有意、刻意而为，与“无为”意思相近；一层是就百姓而言，没有感受到君主侯王的意志之存在，是君主侯王自然无为的效果，可以引发百姓之自化、自为。老子之自然，是人文自然。（刘笑敢：《老子古今》，中国社会科学出版社 2006 年版）

老子在这里提倡的“自然”之道，是指社会的治理者尽可能让百姓安居乐业而不感觉到有人在上面领导或控制他们，强调的是动因的内在性和外在力量的非强制性。《论语》中有“我不欲人之加诸我也，吾亦欲无加诸人”，表达了同样的意思。

十八章

大道废[1]，有仁义；智慧出[2]，有大伪；六亲不和[3]，有孝慈；国家昏乱，有忠臣。

注释

①大道：指老子理想的社会政治制度。

②智慧：聪明、巧智。

③六亲：父、子、兄、弟、夫、妇。

译文

大道被废弃了，才会提倡仁义；智巧出现了，才有严重的伪诈；六亲不和，才会提倡孝慈；国家昏乱，才会有忠臣。

评析

本章承接上一章，指出儒家所提倡的所有美德，比如仁义、孝慈、忠信等，都是社会混乱、人心不古、世风浅薄的产物，是违背自然本性的虚伪现象。当社会倡导某种美德时，往往因为社会缺少这种美德。春秋战国时期，儒家提倡仁义道德，正是如此，

他们的思路是“缺什么补什么”；而老子批判儒家的仁义道德，立足点更高，眼光更深远：仁义道德本身是否合乎自然之道？对于仁义道德的提倡，是否做得过度了，反而造成人性的虚伪？老子的谈论对象，就是君主侯王，他的议论与儒家相互为用，是富有积极意义的。

十九章

绝圣弃智，民利百倍；绝仁弃义，民复孝慈；绝巧弃利，盗贼无有。此三者①，以为文不足②。故令有所属③：见素抱朴④，少私寡欲，绝学无忧⑤。

注释

①此三者：指圣智、仁义、巧利。

②以为文不足：即“不足以为文”。文，文饰、文治。

③属：隶属，归属。

④见（xiàn）：同“现”，显现，呈现。

⑤绝学：杜绝学问（指上文中讲圣智、仁义、巧利的学问）。

译 文

杜绝和抛弃聪明智巧，百姓有百倍的好处；杜绝和抛弃仁义，百姓就会复归孝慈；杜绝和抛弃技巧与功利，就不会有盗贼。用这三者治理国家是不够的。所以，一定要让人心有所归属才行：显现并保持朴素，减少私心，降低欲望，杜绝学问，无忧无虑。

评 析

本章内容承接上一章。上一章以破为主，本章则以立为主。弃绝儒家的仁义礼智，天下可以臻于大治。儒家主张治国依靠的是文饰、人为（圣智、仁义、巧利），这些不能成为人的归属，人的归属应该是“道”——“见素抱朴”“少私寡欲”（清静无为等）。

儒家的仁义礼智是维系社会和谐所必要的基础、价值原则，但是不能成为带有强制性的教义，老子讲自然之道正是为了防止儒家道德异化为“以理杀人”的工具。儒家、道家思想的相互矛盾和相互补充是社会和谐发展所必需的。

二十章

唯之与阿[①]，相去几何？美之与恶，相去若何？人之所畏，不可不畏。荒兮，其未央哉！众人熙熙[②]，如享太牢[③]，如春登台。我独泊兮[4]，其未兆[5]；沌沌兮[6]，如婴儿之未孩[7]；傫傫兮[8]，若无所归。众人皆有余[9]，而我独若遗[10]。我愚人之心也哉！俗人昭昭[11]，我独昏昏[12]。俗人察察[13]，我独闷闷[14]。（澹兮其若海，飂兮若无止[15]）。众人皆有以[16]，而我独顽且鄙。我独异于人，而贵食母[17]。

注释

①唯：恭敬顺从的声音。阿：大声怒斥的声音。

②熙熙：喧闹纷杂，熙熙攘攘，形容兴高采烈的样子。

③享太牢：备有牛、猪、羊三牲之肉的隆重丰盛的宴席。

④泊：淡泊。

⑤兆：征兆，迹象。

⑥沌沌：混沌不清。

⑦孩：同“咳”，小孩的笑。

⑧傫傫（lěi）：疲倦闲散的样子。

⑨有余：丰足有余、洋洋自得的样子。

⑩遗：欠缺、不足的样子。

⑪昭昭：向外显示、炫耀自己的智巧。

⑫昏昏：愚钝、暗昧的样子。

⑬察察：严厉，苛刻。

⑭闷闷：敦厚淳朴的样子。

⑮以上两句已移至《十五章》，详见《十五章》注释。

⑯以：用。

⑰食（sì）母：指守道，养性。母，喻指“道”。

译文

唯唯诺诺与大声呵斥，相差多少？美好与丑恶，区别在哪里？人所畏惧的，不能不畏惧啊。精神广远，没有边际啊！众人熙熙攘攘，像是在享受以牛、猪、羊三牲祭祀的盛大宴席，像是在春天登上了高台眺望美好的景色。唯独我淡泊恬静，好像不曾开化的样子；混混沌沌，像初生婴儿还不知嬉笑的时候；疲惫沮丧，像是无家可归。众人都自得自满，唯独我仿佛茫然若失。我真是愚笨人的心肠啊！世俗的人个个显耀智巧，唯独我一个愚钝昏昧。世俗的人个个严厉苛刻，唯独我一个敦厚纯朴。众人都有一套本事，唯独我又愚陋又笨拙。我这样与众不同，而是看重生养万物的道！

评析

本章与第十五章相似，通过写得道之人显示“道”之特点，说人是为了说道。本章重在内心刻画，也可以看作老子本人的自画像。

开头“唯之于阿”到“不可不畏”，写贵贱善恶、是非美丑种种价值判断都是相对形成的（参见《二章》），弃绝这些学问就可以无所搅扰、无所忧虑，但是众人的戒忌似乎也不必触碰。

接下去以四组对比，突出得道之人与世俗之人的区别：一是众人的有欲与“我”的无欲，众人纵情声色熙熙攘攘，我则如婴儿之宁静淡泊；二是众人聪明能干充实有余，我则如同笨蛋一样遗忘失落；三是众人昭昭有心、察察有为，我则昏头昏脑，无所作为；四是众人皆有所作为，我则冥顽无知、鄙陋无用。

最后“我独异于人，而贵食母”，老子深感“众人皆醉我独醒”，虽然颇有疏离之感，仍将坚守大道（食母），而以此为贵。“道性”的两个特点，一是虚静柔弱，一是自然无为，两者是相通的，都是以“无”为基础；都是与当时的君主侯王的贪得无厌和逞强好胜相对立的。本章中“道性”的这两个特点同时体现在这个得道者的身上和心理上。

二十一章

孔德之容①，惟道是从。道之为物，惟恍惟惚②。惚兮恍兮，其中有象③；恍兮惚兮，其中有物。窈兮冥兮④，其中有精⑤；其精甚真，其中有信⑥。自今及古，其名不去，以阅众甫⑦。吾何以知众甫之状哉？以此。

注释

①孔：大。容：形态。

②惟恍惟惚：仿佛，不清楚，似有似无。惟，助词，无义。

③象：形象。

④窈：深远，微不可见。冥：暗昧，深不可测。

⑤精：细微的，最微小的物质性原质。

⑥信：真实，可信。

⑦阅：观察，思考，认识。众甫：万物开始的状态。

译文

大德之人的行为举止，彻底顺从道。道作为存在物，似有似无。恍恍惚惚，其中有形象；惚惚恍恍，其中有实物。深远幽暗，其中有一个精微的东西存在着；这个精微的东西非常真切，是可信的。从今到古，它的名字从不消失，依靠它就能观察思考万物的开始。我凭什么知道万物开始的真实情况呢？就凭这个道。

评析

本章是阐述“道”、直接描述“道体”的重要篇章，分三层：

第一层，阐述“道”的作用。“道”的作用首先表现在：它是“德”的依据，“德”必须依从“道”。“德”与“道”的关系，“德者，得也”，“德”是“道”的实现和完成。“德”在物上的体现是物性，在人上的体现是人性。“德”为“道”所规定，随“道”而变化。有德者就是得道者。

第二层，直接描绘道体本身。第一章已经说过，道体是有与无的统一，“道”兼赅有无，似无实有。本章中“惟恍惟惚”“惚兮恍兮”“窈兮冥兮”都是讲“道”似“无”的一面：“其中有象”“其中有物”“其中有精”“其精甚真，其中有信”都是讲“道”似“有”的一面。

老子之所以将“道体”描绘成如此，是因为他把道设定为天下万物的总根源和总根据，如果单纯是“有”或者“无”，只是某一种具体存在物，或空无一物，它都不能担当这个责任。因此“道”必须是有与无的统一体。更重要的是“道”还担负着体现价值观点的作用。针对当时君主侯王的贪婪、浮躁，老子开出的治国理政、为人处世的良方是君主侯王必须贵柔守雌、自然无为，这些价值观点，其本体论依据，均可以蕴含于“無”这个字之中。按照庞朴研究，“無”本义是“似无实有”，用“無”表示“道”的特点（兼赅有无，“道体”上看是“无”，“道”的作用是“有”），正好合适。老子心目中，“道”的特点应该是“有无相生”“……生于有，有生于无”，并没有特别重视“无”而忽略、否定“有”的意思，但是针对世俗对“有”的偏爱，对“无”的忽视，于是提出了“有无相生”，可谓针砭时弊，别具慧识。后来的《老子》的阐释者、改动者越来越重视“无”，到了王弼注释老子，干脆明确提出“以无为本”了。由此可见，说“道”的特点是“有无相生”，是有现实意义的，绝非故弄玄虚的空头文字之争。

第三层，讲“道”之用。“道”的作用，必须在与“物”的关系中才能显示出来。“道”是天下万物的总根源、总依据，怎么知道天下万物的来源、依据呢？必须依据“道”。实际上《老子》中谈论治国理政、为人处世的具体的道理，都是以“道”（的特点）作为本体论、价值论、认识论、方法论依据的。

二十二章

曲则全[①]，枉则直[②]，洼则盈[③]，敝则新[④]，少则得，多则惑[⑤]。是以圣人抱一为天下式[⑥]。不自见[⑦]，故明；不自是，故彰[⑧]；不自伐[⑨]，故有功；不自矜[⑩]，故长。夫唯不争，故天下莫能与之争。古之所谓"曲则全"者，岂虚言哉[⑪]！诚全而归之[⑫]。

注释

①曲：委屈。

②枉：弯曲。

③洼：卑下，空凹。

④敝：陈旧。

⑤惑：迷惑。

⑥抱一：守道。式：法式，治理天下的纲领、规范。

⑦自见（xiàn）：自我炫耀。

⑧彰：彰显。

⑨自伐：自我夸耀。

⑩自矜：自我标榜，妄自尊大。

⑪虚言：空话，经不起推敲的言语。

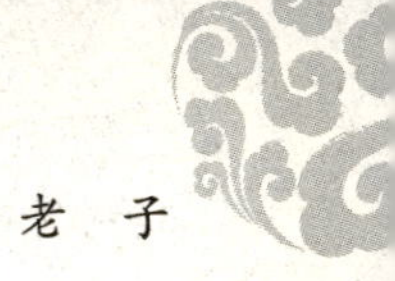

⑫全而归之：指全真保性，达到目的。

译文

受委屈的反而得以成全，弯曲的反而得以伸直，低洼的反而得以充满，陈旧的反而得以新生，缺乏的反而能够获得，贪多务得反而陷入迷惑。所以圣人坚守道作为天下人的典范。不自我炫耀，反而能看得分明；不自以为是，反而是非昭彰；不自我夸耀，反而大功告成；不自以为大，反而长久。正因为不争不竞，所以天下没有谁能与之争竞的。古人说“受委屈的反而得以成全”的话，岂是空话呢？那确实可以全真保性，达到目的。

评析

本章讲辩证之道及其运用，显示道的作用。分作三层：

第一层，讲老子的辩证之道。《二章》已经讲过:“有无相生，难易相成，长短相形，高下相倾，音声相和，前后相随”，重点突出了矛盾双方的相互依存，本章讲“曲则全，枉则直，洼则盈，敝则新，少则得，多则惑”，突出的是矛盾双方的相互转化，而且强调的是消极方面向积极方面的转化，体现了老子辩证法的特点：特别重视正反互转，重视消极方面向积极方面的转化。

第二层，讲践行圣人之道，亦即具备了圣人之德。圣人坚守“道”，自然也就具备了大德、玄德，可成为天下楷模。本章中具体表现为“不自见……故长”，突出了圣人深得老子的辩证之道，以反彰正，以反求正。“夫唯不争，故天下莫能与之争”，是本层意思的形象概括，是老子柔弱不争思想的明确表达。老子辩证法别具特色：在承认矛盾双方相依的前提下，注重矛盾双方的正反互转。在此基础上，力求以反彰正，以反求正。其中隐含着老子历来主张的“反者道之动，弱者道之用”等基本观念。这样做完全是顺应规律行事，绝非阴谋诡计。（刘笑敢：《老子》，台湾东大图书公司 1997 年版）

第三层是本章总结，意思是说按照辩证之道行事，柔弱不争，反而可以获取令人满意的结果。

二十三章

希言自然①。故飘风不终朝②，骤雨不终日③。孰为此者？天地。天地尚不能久④，而况人乎？故从事于道者，同于道⑤；德者，同于德；失者，同于失⑥。同于道者，道亦乐得之；同于德者，德亦乐得之；同于失者，失亦乐得之。信不足焉，有不信焉⑦。

注释

①希言：少说话，这里指“少声教法令之治”（蒋锡昌）。希，通“稀”。

②飘风：大风。

③骤雨：暴雨。

④天地尚不能久：指天地间暴风骤雨不能长久。

⑤从事于道者，同于道：意思是修道者必须真心实意，必须身体力行，与道融为一体。

⑥失者，同于失：失道的人，其行为与失道同一，指过分有为的人，就远离了“自然之道”。

⑦信不足焉，有不信焉：见《十七章》。

译 文

少说教令是合乎自然的。狂风刮不了一清晨，暴雨下不了一整天。是谁兴起风雨的呢？是天地。天地尚且不能让狂风暴雨长久，何况人呢？所以，从事于道的人就认同道；有德的人就认同德；失道的人，行为就与失道同一。从事于道的人，道便乐于得到他；认同德的人，德便乐于得到他；认同失道的人，失道便乐于得到他。君主的诚信不足，人们才会不信任他。

评 析

本章讲自然之道，是《老子》中的重要内容。

关于“自然”概念的阐述，详见《附录·〈老子〉中的“自然无为”及其意义之发展》。

《老子》中明确提到“自然”一词的只有五处，是自然而然、自己如此的意思，含有“自”这个词语的则很多很多。“自然无为”是老子的重要思想，是治国理政、为人处世理论的核心价值理念。

本章主旨是说治国理政、为人处世必须实行自然无为之道。分作四层。第一句“希言自然”为第一层。希言，一说少说话，一说“少声教法令之治”，都可以说主张“无为”，无为是合乎自然之道的。这一句总括全文。第二层，以天地之道证实必须遵行自然之道。飘风骤雨实属过度行为，不合自然无为之道，所以肯定不能长久。天地违背自然无为之道尚且不能长久，何况人呢？这里采用的是老子经常采用的“推天道以言人事”的思维方法、论证方法。第三层，说的是修道者必须真心实意，与道一体，自然而然。“修道”不是口头上讲讲空洞抽象的道理，说的是一套，做的是另外一套，必须身体力行，融入情感，化为行动，这样才会发自内心，自然而然，与道融为一体。这里运用了对比论证，将得道者与失道者的做法与结果两相对比，可谓种瓜得瓜、种豆得豆，各得其所。这里将道拟人化，所以得道者和失道者，“道”和“失道”（不合乎道之道）都会“乐”得其所，可谓同声相应，同气相求。第四层强调修道关键在于诚信。没有诚信，不是自然而然自觉追求，最终将失去信誉失去民众的信任。

二十四章

企者不立①，跨者不行②。自见者不明③，自是者不彰④，自伐者无功⑤，自矜者不长⑥。其在道也，曰：“余食赘形⑦，物或恶之。”故有道者不处。

注释

①企：同“跂”，踮起脚跟。

②跨：跨越，大步行走。

③自见（xiàn）：自我炫耀。

④彰：显现。

⑤自伐：自我夸耀。

⑥自矜：自我标榜，妄自尊大。

⑦余食赘形：剩饭残羹，形体多余的部分。

译文

踮着脚就站立不稳，跨大步就走不远路。自我炫耀的人不聪明，自以为是的人不彰显，自我夸耀的人徒劳无功，自高自大的人不能长久。从道的观点来看，可以说：“这些东西像多余的饭食和形体，只会让人厌恶。”因此有道的人不会这样做。

评 析

本章论述过度有为，不合自然无为之道，结果适得其反。开头以排比句列举种种有为过度而适得其反的行为、现象：“企者不立，跨者不行……”，接着概括指出，这些行为、现象均不合自然无为之道，过分作为，如同剩饭赘瘤，实属多余，无用有害。最后做结论：这些行为让人讨厌，修养道的人不会这样做的。

二十五章

有物混成[①]，先天地生。寂兮寥兮[②]，独立而不改[③]，周行而不殆[④]，可以为天地母[⑤]。吾不知其名，强字之曰“道”[⑥]，强为之名曰“大”[⑦]。大曰“逝”[⑧]，逝曰“远”[⑨]，远曰“反”[⑩]。故道大，天大，地大，人亦大。域中有四大[⑪]，而人居其一焉。人法地[⑫]，地法天，天法道，道法自然[⑬]。

注 释

①物：指“道”。混成：浑然一体，指“道”的浑朴状态。

②寂：没有声音。寥：没有形体。

③独立：没有匹配的。不改：变化有常，指“道”是自在自为的，独立存在，不依靠任何外力。

④周行：指“道”无所不至，循环运行。殆：停息。

⑤母：指“道”，天地万物由道产生，故称“天地母”。

⑥强：勉强。

⑦大：指“道”无所不在，无所不包，力量无穷。

⑧逝：指“道”的运行周流不息、永不停止的状态。

⑨远：无边无际。

⑩反：意思是返回原点，返回原状，有循环往复的意思。

⑪域中：指宇宙中。

⑫法：效法。

⑬道法自然：“道”取法自然，纯任自然。

译文

有个东西浑然一体，在天地之前就已经存在。听不到声音，看不见形体，它独自存在而永不改变，循环运行而永不疲倦，可以是天地万物的母亲。我不知道它的名字，勉强地称它为“道”，勉强给它起个名字叫“大”。它广大无边而运行不息，运行不息而伸展遥远，伸展遥远而又返回本原。所以道为大，天为大，地为大，人也为大。宇宙中四个为大的，人是其中之一。人要以地为法度，地以天为法度，天以道为法度，道以它自身为法度，纯任自然。

评 析

本章是《老子》中描绘、论述道体和道用的重要篇章，可与《一章》《四章》《十四章》《二十一章》等章参照阅读。本章大致分为四层。

第一层，描述道体。“有物混成”，道体混沌一体，不可分割，是个圆满自足的和谐整体。“寂兮寥兮，独立而不改”，无声无色，无形无状，超越感官感受，独一无二，无与对待（世间万物都是成双作对、矛盾对待的）。所以“道”是不可指称、不可言说的，称呼它为“道”，只是勉强给它一个称号。非得给它起名字，勉强可以称呼它为“大”。实际上“大”可以说包含了“道”的形体无限、变化无限、威力无限、生化万物、包容万物等特征。“道之体”似乎可以概括为“无”，“道之用”则是为天下母，是实实在在的“有”，“道”具有“有无相生”的特点。

第二层，由“大”引出“大曰逝，逝曰远，远曰反”，描述了道的运行规律：周流不息，逝逝不已，循环往复，真是所谓“反者道之动”。其实第一章中指出“道”有常道、非常道之分，“常道”又称“恒道”，“恒”本身就有“循环”之义，“常道”就是永久不息的循环往复之道。这个观念，是老子重视正反相依、以反彰正、以反求正的辩证思想方法论的本体论基础。

第三层是对道的评价，仍然围绕一个“大”字。道“先天地生”“可以为天地母”，是天下万物的总根源，又是天下万物存在的总根据，对“道”的突出、强调无以复加，位居“三才”之上。

“……人亦大。域中有四大，而人居其一焉”，显示了对“人”

的重视，但是“人亦大”是有条件的，这就是人必须体道、悟道、行道、得道，成为圣人，具有玄德。“道”发生效应，必须通过这样的人，方才能够落实。那么人的体道、悟道、行道、得道，关键何在呢？

第四层指出，关键在于“人法地，地法天，天法道，道法自然”。这样的表述运用顶真修辞，带有铺陈意味，要突出的就是人之修道，在于效法自然。由此凸显了“自然无为”的重要（“自然是价值观念，“无为”是在此观念指导下的行为方式，两者密不可分。[参见刘笑敢：《老子》（东大图书公司 1997 年版）、《老子古今》（中国社会科学出版社 2006 年版）]）。

“自然”是老子和道家思想的核心概念，对这个概念的理解，自古及今不仅歧义甚多，而且还存在着大量的误解。刘笑敢先生、王中江先生、吾淳先生对此都有自己的看法，但并不矛盾，参见本书《二十三章》以及《〈老子〉导读》。

二十六章

重为轻根[①]，静为躁君[②]。是以君子终日行不离辎重[③]。虽有荣观[④]，燕处超然[⑤]。奈何万乘之主[⑥]，而以身轻天下[⑦]？轻则失根[⑧]，躁则失君。

注释

①根：根基。

②躁：躁动，急躁。君：主宰。

③辎重：古代军中载运军械、粮食的车辆。

④荣观：华丽繁华的宫室。

⑤燕处：安居。超然：超乎物外。

⑥万乘之主：发动战争可以动用万辆战车的大国君主。

⑦以身轻天下：为自身享受而轻率对待天下。

⑧轻：轻率。

译文

重是轻的根基，静是躁的主宰。所以君子每天出行时都带着辎重。虽有繁华美丽的宫室，他却安居超脱。为什么拥有万辆战车的大国君主，只重自身（享受）而轻慢天下（以致灭亡）？轻浮就会失去根基，骄躁就会失去主宰。

评析

本章讲重与轻、静与躁的关系，明确提出“重为轻根，静为躁君”，赋予“重”与“静”以形而上的性质，将其认定为事物的自然本性。治国理政必须顺应自然。所以圣人必须持重（正面阐述），君主侯王必须守静（反面阐述）。最后再次强调：轻率、浮躁将会失去根本，远离自然之道，失去主宰。

二十七章

善行无辙迹[①]，善言无瑕谪[②]，善数不用筹策[③]，善闭无关楗而不可开[④]，善结无绳约而不可解[⑤]。是以圣人常善救人，故无弃人；常善救物，故无弃物。是谓袭明[⑥]。故善人者，不善人之师；不善人者，善人之资[⑦]。不贵其师，不爱其资，虽智大迷，是谓要妙[⑧]。

注释

①辙迹：轨迹，车辆行车时车轮留下的痕迹。

②瑕谪：过失，缺点。

③数：计算。筹策：筹码。古代计算物数时所用的竹片。

④关楗：门闩，栓销。

⑤绳约：绳索。

⑥袭明：内藏智慧聪明。袭，承袭，有掩蔽、含藏的意思。

⑦资：资取，借鉴。

⑧要妙：精要玄妙、深奥的真谛。

译文

善于行车的不留轨迹，善于言辞的没有瑕疵，善于计算的不用筹码，善于关门的不用门闩却无人能开，善于捆绑的不用绳索却无人能解。因此圣人经常善于拯救世人，所以无人被弃之不顾；经常善于挽救万物，所以无物被弃之不顾。这就叫承袭光明。所以善人是不善之人的老师，不善之人是善人的资财。不敬重自己的老师，不爱惜自己的资财，那么再明智也是迷失了，这真是精微玄妙的真谛啊！

评析

本章是对“自然无为”思想的引申。文中列举善言、善行等若干善于作为的例证，阐明这样的道理：掌握事物的特征、本性，顺应自然，顺应规律，“以自然为道，则无所容力，亦无所着迹”（林希逸），做事将举重若轻，无往不成。顺应自然（袭明），则可收到无为而无不为之效，可谓“要妙”。

二十八章

知其雄①，守其雌②，为天下谿③。为天下谿，常德不离④，复归于婴儿。知其白，（守其黑，为天下式。为天下式，常德不忒，复归于无极。知其荣[5]，）守其辱[6]，为天下谷[7]。为天下谷，常德乃足，复归于朴[8]。朴散则为器[9]，圣人用之，则为官长[10]，故大制不割[11]。

注释

①雄：阳性，比喻刚劲强大。

②雌：阴性，比喻柔静软弱。

③谿：溪流，水沟，比喻处于卑下地位。

④常德：恒久的德。

⑤守其黑……知其荣：此六句疑为后人所加，非《老子》原文，当删。

⑥辱：暗昧，污黑。

⑦为天下谷：比喻人心像山谷一样，虚怀若谷。谷，山谷、川谷。

⑧朴：未加工的木头，喻指“道”。

⑨朴散则为器：道分散后就成为具体的万物，比喻道生万物。器，器具，器物。

⑩官长：百官之长，即君主。

⑪制：政治制度。不割：不分彼此界限。

译文

明知自己的雄伟强壮，却甘守软弱柔顺，而成为天下的溪流。作为天下的溪流，永恒的恩德不会离身，回归到纯洁的婴儿状态。

明知光明所在，却甘守暗昧，成为天下的山谷。成为天下的山谷，永恒的德充足丰满，回归于本原的真朴状态。这本原的真朴化散为不同的器物，圣人使用这些器物，而成为掌权者。所以，理想的制度是浑然为一、不可分割的。

评析

本章讲知雄守雌、清静柔弱之道，这是自然之道的重要内容。分为两层。第一层，以两组结构相同的句群，阐述知雄守雌之道。“知其雄，守其雌”“知其白，守其辱”，说明“知雄守雌”实在是处于最恰切妥当的地方而且掌握了全面的情况，绝非无可奈何的退缩和回避，是出于“处下不争”“柔弱胜刚强”之大道、常德的智者之举。第二层从“常道”的高度指出，雄雌、白辱之别属于形而下范畴，从“朴”（道，形而上）的观点看，万物本是混沌一片，不需要分割，不需要区分（自然也不需要争执）。做好百官之长，无为而治，反而可以实现天下大治。处于强势者贵柔守雌，有利于实现和谐发展。对于处于弱势一方，老子主张“柔弱胜刚强”，应该自信自强，绝对不应该争强躁动、急于求胜。

二十九章

将欲取天下而为之，吾见其不得已[①]。天下神器，不可为也[②]，不可执也。为者败之[③]，执者失之。夫物，或行或随[④]，或嘘或吹[⑤]，或强或羸[⑥]，或载或隳[⑦]。是以圣人去甚[⑧]，去奢[⑨]，去泰[⑩]。

注释

①不得已：无法达到目的。已，语气词，无义。

②为：妄为，强力为之。与“不可执也”中“执”的意思相同。

③为者败之：妄为就会把事情搞糟，适得其反。后句“执者失之”意思相同。

④行：前行。随：跟随。

⑤嘘：轻嘘。吹：急吹。

⑥羸：羸弱。

⑦载：安稳。隳：危险。

⑧甚：过分。

⑨奢：奢侈。

⑩泰：极端。

译 文

有人想强取天下而去治理，我看他是不会达到目的的。天下是神圣的器具，不能妄为，不能强力把持。妄为就会失败，强执而为就会丧失。世间事物就是这样，有先行有追随，有缓嘘有急吹，有强盛有羸弱，有安稳有危险。因此圣人去除过分，去除奢侈，去除极端。

评 析

本章反对“有为”而主张“无为”，反对宰执而主张“自然”。首先指出以“有为”宰执天下，不可能成功；天下乃神奇之物，不可“有为”为之，否则必将遭受失败。所谓“有为”，与“无为”相对，指以自己的主观意愿胡作非为，而所谓“无为”则是按照事物自然本性而为。接着指出世间万物特性各异，暗含的意思是想要实行“无为”必须把握事物各自特性，顺其自然。最后强调“无为”还必须去除过分、奢侈、极端的举措，这些举措都是有违自然之道的。

三十章

以道佐人主者[①]，不以兵强天下[②]。其事好还[③]。师之所

处[4]，荆棘生焉[5]。大军之后，必有凶年[6]。善有果而已[7]，不敢以取强[8]。果而勿矜[9]，果而勿伐[10]，果而勿骄，果而不得已，果而勿强[11]。物壮则老，是谓不道[12]，不道早已[13]。

注 释

①佐：辅佐。人主：君主，泛指当时的统治者。

②强：逞强，称雄。

③其事：指用兵打仗之事。好：容易。还：报应。

④师：军旅，这里指战争。

⑤荆棘生焉：指用兵打仗使得百姓疲敝、田园荒芜，形容战争的后果。

⑥凶年：荒年。

⑦善：善于用兵者。有果：有结果，能够救济危难。

⑧不敢以取强：不凭借武力攻取逞强。敢，疑为衍文。

⑨果：取得成果，达到救济危难的目的。矜：自满。

⑩伐：自夸。

⑪强：逞强。

⑫不道：不合乎道。

⑬早已：早早灭亡。

译 文

用道来辅佐君主的人，不靠武力而称雄天下。用武力容易有报应。军队进驻之地，荆棘便长出来。每逢大战之后，凶年就会来到。善于用兵的只希望能够救济危难罢了，不凭借武力攻取逞强。达到目的而不自满，达到目的而不自夸，达到目的而不骄傲，达到目的像是不得已，达到目的而不逞强。事物一旦逞强示壮就会衰老，这是不合乎道的，不合乎道注定早早灭亡。

评析

本章节以用兵打仗谈论自然无为之道，分作三层。第一层，明确指出用兵打仗、逞强天下不合天道——天有好生之德、自然无为之道。用兵打仗往往以牙还牙，冤冤相报，没有穷尽，“师之所处，荆棘生焉”“大军之后，必有凶年”，多方面显示战争带来的危害。第二层，明确指出，如果需要用兵打仗，切不可为满足一己贪欲而战，切不可逞强好胜，切不可自矜功伐，打仗即使胜利了只是出于不得已（非主动），切不可热衷于战事，无休无止。第三层，重申自然无为之道，指出：事物过于强壮必将很快趋于衰老，武力兴暴不遵道而行，必将自取灭亡。

三十一章

夫兵者[①]，不祥之器，物或恶之[②]，故有道者不处[③]。君子

居则贵左④，用兵则贵右。兵者不祥之器，非君子之器，不得已而用之，恬淡为上⑤。胜而不美，而美之者，是乐杀人。夫乐杀人者，则不可得志于天下矣。吉事尚左，凶事尚右。偏将军居左，上将军居右，言以丧礼处之。杀人之众，以悲哀泣之⑥。战胜，以丧礼处之。

注释

①夫：发语词。兵者：指兵器。

②物：指人。

③处：使用。

④贵左：古人以左为阳，以右为阴。阳生而阴杀。后文的“尚左”“尚右”“居左”“居右”都是古人的礼仪。

⑤恬淡：安静，沉着。

⑥泣：为“莅”的误写，参加，到场。

译文

兵器，是不吉祥的东西，人们都厌恶它，所以有道的人不使用它。君子平时就以左边为贵，用兵打仗时就以右边为贵。兵器这个不吉祥的东西，不是君子所使用的东西，万不得已而使用它，最好以安静沉着为上。胜利了也不赞美，如果赞美胜利，就是喜欢杀人。凡是喜欢杀人的人，就不可能得志于天下。吉庆的事情以左边为上，凶丧的事情以右边为上。偏将军居于左边，上将军居于右边，这就是说要以丧礼仪式来处理用兵打仗的事情。（战争）杀人众多，（所以）要用哀痛的心情参加。打了胜仗，要以丧礼的仪式去处理。

评析

本章表达老子的反战思想，进而论述自然无为、贵柔守雌之道。用兵打仗是不合自然无为、贵柔守雌之道的。分作三层。第一层，谈兵器。兵器是杀人利器，是不祥之器，有道者不使用兵器。第二层，写用兵。用兵打仗是有为、妄为的极端形式，且逞强好胜，是“不道”的，因此人们不能赞美战争。如果赞美战争，就是主张杀人，主张妄为，一定会招致失败。第三层，谈丧礼。战争不可避免，即便如此，不能把战争当成喜事，而只能当丧事办理。本文的议论中渗透了浓厚的情绪色彩。

其实老子的自然无为、贵柔守雌的思想，其现实意义就是反对君主侯王的穷奢极欲、恣意妄为，反对君主侯王为了一己私欲胡作非为。所以自然无为、贵柔守雌的意思就是不要逞强好胜，不要胡作非为，而要顺应事物自身特性，使其自然而然得以发展。反过来，自然无为思想自然成为反战思想的基本理论。另外不难看出，老子的辩证思想、“反者道之动”的思想，也是老子反战思想的重要理论基础。

第五部分 『道』之用

本部分包括《三十二章》至《三十七章》，阐述『道之用』，即『道』在治国理政、为人处世中的作用。

三十二章

道常无名[①]，朴[②]。虽小，天下莫能臣[③]。侯王若能守之，万物将自宾[④]。天地相合，以降甘露，民莫之令而自均[⑤]。始制有名[⑥]，名亦既有，夫亦将知止，知止可以不殆[⑦]。譬道之在天下，犹川谷之于江海[⑧]。

注释

①常：恒久（存在）。无名：没有名称。

②朴：指“道”，道混沌一体，不可分割，不可名言。

③臣：臣服。

④自宾：自然而然合乎道。宾，服从、顺从。

⑤自均：自然均衡，非人力所为。

⑥始制有名：万物兴起后，就产生了各种名称。

⑦知止可以不殆：（制定名称）需要知道适可而止，就可以避免产生危险。

⑧川谷之于江海：以川谷比喻“万物”，以江海比喻“道”——川谷归入到江海，正如万物归宗于“道”。

译 文

道永远无名，处于质朴的状态。它虽然精渺微小，天下却没有谁能使它臣服。侯王若能持守它，万物将会自动归顺。天地和谐，降下甘露，百姓无须分配而自然均匀。万物兴起后就有了名称，既有了名称，就该知道（制定名称的）限度，知道限度就可以避免产生危险。譬如“道”与天下的关系，就好像大江大海与川谷的关系一样。

评 析

本章总说“道”的作用：君主侯王以“道”治天下，自然无为，则万物自行服从。

先说“道”的特点：道是恒常存在、不可言谈、混沌淳朴、幽微难见的。

接着突然反转，说“道”之“大”——作用巨大，威力巨大，“天下莫能臣”。接下去列举若干事例，具体描述“道”的巨大功效和威力。君主侯王以道治天下，则万物自行服从；阴阳和合，天降甘露，无须发号施令，百姓自然均衡。按照“道”（自然无为）制定名称也需要适可而止，可以避免危险。

最后强调，名称的使用，要适可而止，“知止可以不殆”；设置比喻，形象概括，以道治天下，无为而治，犹如百川归海一样自然顺当。

本章中比较多地谈论到名称问题，是有针对性的。其时儒家讲究礼乐治国，讲究“正名”；法家讲究以法治国，讲究刑名法术。所以老子再三强调，“道常务名”，讲究名称不能过分。本章中讲“自宾”，是万物百姓对“道”的服从，“自均”是自然获得的利益，这正是自然无为之治的最好体现。下文将会多次提到“自正”“自化”“自定”“自均”“自富”“自朴”等，也是相同的意思：一方面是就个体而言，主张充分的个人自由与发展空间；一方面是就集体而言，主张自然而然的和谐、平静、均衡与有序，反对社会管理者以自己的意志与欲望以及强制性手段来破坏这种秩序。

三十三章

知人者智，自知者明①。胜人者有力，自胜者强②。知足者富③。强行者有志④。不失其所者久⑤。死而不亡者寿⑥。

注释

①明：明智。

②自胜：战胜自我。强：刚强，果决。

③知足：知道满足。

④强行：顽强坚持，努力不懈怠。

⑤不失其所：不丧失自己的根基。

⑥死而不亡：身死道存。

译文

能看透别人的人算有智慧，能看透自己的人算是明智。能战胜别人的人算有力量，能战胜自己的人算是刚强。知道满足的人富有。顽强坚持、努力不懈的人有志向。不丧失根基的人可以长久。身虽死精神永存的人才叫长寿。

评析

道之发挥作用，关键在于人，在于人的自知、自胜、自强、自我知足。本章说知人、胜人固然重要，自知、自胜更加重要，凸显了对自身努力的重视。“不失其所者久”“死而不亡者寿”，凸显了对于精神生命的重视。老子强调自然无为，一般说来似乎不主张人为、有为。本章中说：“强行者有志。”自知、自强、自胜，都须勉力而行，关键在于“有志”，有正确的志向、方向，这肯定是符合道、符合事物特点、顺应事物发展规律的志向和方向。

三十四章

大道氾兮[1]，其可左右[2]。万物恃之以生而不辞[3]，功成而不有，衣养万物而不为主[4]。常无欲，可名于小[5]；万物归焉而不为主，可名为大。以其终不自为大，故能成其大。

注释

①氾（fàn）：泛滥，水向四面漫流，形容“道”发挥作用的样子。

②其可左右：可左可右，无所不到。

③恃：依赖。不辞：不言不语。

④衣养：养育，庇护。为主：自命为主宰。

⑤名于小：称之为小。

译文

大道如同泛滥的河水，周流四方，可左可右。万物依赖它生长，它从不自夸。大功告成，它不占为己有，它滋养万物，却不以主宰自居，可以称之为小；万物都归附它，它却不以主宰自居，可以称之为大。由于它始终不自以为大，所以能成就它的伟大。

评析

本章阐述“道”是大与小的统一，凸显“道”的作用。“大道氾兮，其可左右”，从形态、气势上描绘出“道”之大，“万物恃之以生而不辞，功成而不有，衣养万物而不为主”，从功德、境界上显示出“道”之大。“不辞”“不有”“不为主”，则显示出“道”之小。《老子》的《二章》《十章》《七十九章》等章，也从多方面显示了道之小。“道”之小，从形体上说无形无声，幽微不现，从实质上说，体现一种贵柔守雌、甘居卑下的为人处世原则。正因为“道”之小（甘居卑下，贵柔守雌），故能成其大，这个大，就是自然无为之结果——无不为。“道”生化、养育万物，但是“道”不居功、不恃能、不主宰、不控制万物，而甘居其小，这也是它之所以作用巨大的原因。（陈鼓应：《老子今注今译》，商务印书馆2003年版）关于“道”的大与小的辩证法给人的启迪是多方面的。

三十五章

执大象[①]，天下往。往而不害，安平泰[②]。乐与饵[③]，过客止。道之出口，淡乎其无味，视之不足见，听之不足闻，用之不足既[④]。

注释

①执：掌握，执守。大象：指“道”。

②安：乃，于是。平：平安。泰：安宁平和。

③乐（yuè）：音乐。饵：糕饼，一种食品，这里泛指美食。

④既：尽。

译文

秉持大道，天下人都会归顺。归顺而不互相妨害，于是大家都平和安泰。音乐与美食，使得过客停住脚步。大道出口成为话语，却会平淡无味，看起来不起眼，听起来不入耳，用起来却受益无穷。

评析

本章阐述道的效用。首先总括一句：坚守大道，天下归心，无所妨害，平和安泰。接着设置比喻，将修道、行道与听音乐、享受美味作比较，虽然淡乎寡味，无声色之美，但是效用无比，不可穷极。需要说明的是，这里的“道”，应该是形而上的“常道”，因而具有超越经验感受的性质。概言之，本章阐述了“道”具有伟大、平淡和超越等特点。老子关心的不是作为客观认识对象的“道”，而是对人的行为方式具有指导意义的价值观念，这对于主体的体悟、践履最为重要。即便《老子》中将其作为天道加以设定、论证，其着眼点、落脚点都在于作为价值观念的“道”。

“道”具有伟大、平淡、超越的特点，是老子为了论证他的治国理政、为人处世的道理而设置的。

三十六章

将欲歙之①，必固张之②；将欲弱之，必固强之；将欲废之，必固兴之；将欲取之，必固与之③。是谓微明④。柔弱胜刚强。鱼不可脱于渊⑤，国之利器不可以示人⑥。

注释

①歙（xī）：敛，合。

②固：一定。张：张开，与“歙”相反。

③与：给予，与“取”相反。

④微明：幽微而显明，指人的见微知著的智慧。

⑤鱼不可脱于渊：鱼不能离开深渊，这里比喻不可离开守柔之道。

⑥利器：兵器，这里比喻刑法、权柄、手段等。

译文

将要收敛它，一定先扩张它；将要削弱它，一定先加强它；将要废弃它，一定先兴起它；将要夺取它，一定先给予它。这是从幽微中能够体悟到的明智。柔弱胜于刚强。鱼不能离开深渊，国家的权柄也不可以向人展示。

评析

本章重点阐述了老子之道“反者道之动，弱者道之用”的效用。分作两层：第一层，开头便以排比句式介绍：“将欲翕之，必固张之；将欲弱之，必固强之；……”，称之为“微明”——见微知著的智慧。这里介绍、评价的是具有老子特色的“以反求正”的辩证思维方法。历史上朱熹等都称其为玩弄阴谋诡计，其实这里无非提出一种智慧，提醒人们顺应事物正反互转的自然规律，促进或等待事物从不利状态转变到有利状态。第二层，明确提出柔弱可以赢取刚强，体现了以反求正的辩证理论和“反者道之动，弱者道之用”的思想。

老子的辩证法思想颇具特色，刘笑敢将其概括为相互联系的四组命题：第一组，正反相依或者正反相生，这是对外在世界的纯客观观察描绘，比如“有无相生，难易相成”；第二组，正反互转，比如“祸兮福之所倚，福兮祸之所伏”，这里开始具有价值取向；第三组，正反互彰或以反彰正，比如“大成若缺，大巧若拙”，这里的价值判断倾向明显，对人的行为方式提出比较明确的要求；第四组，以反求正，比如“将欲翕之，必固张之；将欲弱之，必固强之”，基本上是方法性的命题，告诉人们基本的行事原则。老子为这些经验事实基础上的理性总结提供了形而上学的理论根据，这就是“反者道之动，弱者道之用”。（刘笑敢：《老子古今》[中国社会科学出版社 2006 年版]、《老子》[东大图书公司 1997 年版]）

三十七章

道常无为而无不为①。侯王若能守之②，万物将自化③。化而欲作④，吾将镇之以无名之朴⑤。镇之以无名之朴，夫将不欲。不欲以静，天下将自正⑥。

注释

①无为：顺其自然，不妄为。

②守之：指遵循“无为”之道。

③自化：自我化育。

④欲作：指贪欲发作。

⑤镇：制止。无名：指“道”的浑朴不可名。朴：指“道”。

⑥自正：自己合乎正道。

译文

道永远是顺其自然的，但是没有一件事情不是它成就的。侯王如果能持守它，万物就会自我化育。化育中有贪欲发作，我便用那混沌一体的“道”来镇抚。以这个混沌一体的“道”来镇抚，就不会起贪欲。不起贪欲而人心平静，天下自然便合乎正道了。

评析

本章论述了“无为而无不为”的道理，这个道理堪称《老子》的主轴。首先指出，“道”（常道、天道）的永恒特点就是“无为而无不为”（无与有的统一），如果君主侯王能够修得并坚守常道，自然无为，万物（包括老百姓）必将自我化育。其次指出，如若万物化育过程中贪欲发作，君主侯王可以“无名之朴”制止、镇抚，摈绝其贪欲，没有了贪欲，天下自然合乎正道。老子谈论的主要内容就是治国理政，他认为治国理政关键在于君主侯王的为人处世，君主的为人处世关键在于能否消除贪欲，能否克制争强好胜，君主侯王如果自身能够消除贪欲、克制争强好胜，则百姓自然自化，天下自然合乎正道。本章可以说是对上篇三十七章内容的概括、总结、强调。

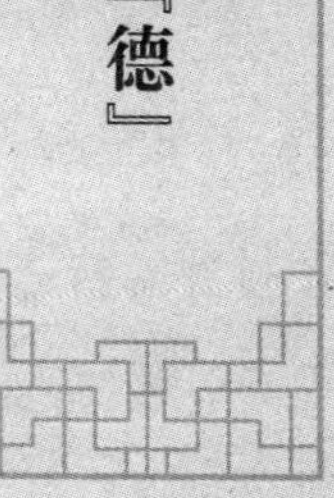

第六部分　概说『德』

本部分包括《三十八章》至《四十二章》，重在阐释『德』的含义，指出玄德、常德、大德就是得道之德，就是体悟并践行反向辩证法，体悟并践行『自然无为、贵柔守雌』『有无相生』『有生于无』等大道、常道。

三十八章

上德不德，是以有德；下德不失德，是以无德。上德无为而无以为，下德无为而有以为。上仁为之而无以为，上义为之而有以为。上礼为之而莫之应，则攘臂而扔之①。故失道而后德，失德而后仁，失仁而后义，失义而后礼。夫礼者，忠信之薄②，而乱之首③。前识者④，道之华⑤，而愚之始。是以大丈夫处其厚，不居其薄；处其实，不居其华。故去彼取此。

注释

①攘臂而扔之：伸出手臂拉人，指强迫人服从。

②薄：衰落。

③乱之首：祸乱的开端。

④前识：先知先觉的见识。

⑤华：浮华。

译文

上德的人不自恃有德，因此具有真正的德；下德的人恪守形式上的德，因此没有真正的德。上德的人顺任自然而无所作为，下德的人顺任自然而有所作为。有大仁爱的人有所作为却出于无意，有大正义的人有所作为且出于有意。有大礼法的人，追求礼法却没有人响应，就伸出手臂去强迫人。所以，失去了大道后才强调道德，失去了道德后才强调仁爱，失去了仁爱后才强调正义，失去了正义后才强调礼法。礼法，不过表明了忠信的衰落缺乏，是祸乱的开端。所谓有先见之明的人，不过采摘了大道的浮华，是愚昧的开始。因此，大丈夫立身于敦厚的大道，而不处于浅薄上；立身于大道的朴实中，而不处于虚华上。所以舍弃浅薄虚华而选取敦厚笃实。

评析

本章是下篇“德论”的第一章，以“无为”“有为”为重点，阐明了“德”的特点，将两种不同类型的“德”做了对比、评价。分作四层。第一层，将“上德”与“下德”做对比，前者“无为而无以为”，后者“无为而有以为”，两者截然相反，境界相差甚远。第二层，将“上仁”“上义”“上礼”排比，揭示其特点：“上仁”，“为之而无以为”；“上义”，“为之而有以为”；“上礼”，“为之而莫之应，则攘臂而扔之”。对其评价逐句下降。第三层，以顶针句描述社会现实、道德状况：由“道”而“德”，由“德”而“仁”，由“仁”而“义”，由“义”而“礼”，每况愈下。根本问题在于“德”与自然无为之“道”渐行渐远，乃至于朴散真离、道德沦丧。到了一味讲究“礼”的地步，所谓的“仁义道德”已经徒有形式，虚伪异化，道德沦丧。所以老子声色俱厉指斥“礼”是“忠信之薄，而乱之首”。第四层，指出拯救当前道德危机的途径：一帮先知先觉炮制的仁义礼智之道，浮华繁杂，是让人愚昧的开始，所以有道者必须归真返璞，讲究厚重笃实（“处其厚”“处其实”）。最后明确结论：去除“下德”，选择“上德”。老子之所以在此强调厚重笃实，针对的是“下德”，尤其是“礼治”，徒有形式，讲究名分，讲究浮华，背离了道德的本源。儒家为挽救这样的道德危机，提出了以诚为本，与老子讲究厚重笃实有相似之意。

德者，得也。“德”就是得道的行为规范。德分为两类：一类是“上德”，一类是“下德”。“上德”也称玄德、常德、孔德、大德，其特点是“无为而无以为”，无为而无欲，就是符合“自然无为之道”的德行，处于“德”的最高层次；下德的特点是“有为”，包括上仁（为之而无以为）、上义（为之而有以为）、上礼（为之而莫之应，则攘臂而扔之），所体现的与“道”完全不同甚至相反。

三十九章

昔之得一者[①]：天得一以清，地得一以宁，神得一以灵，谷得一以盈，万物得一以生，侯王得一以为天下正。其致之也[②]，谓天无以清，将恐裂；地无以宁，将恐废；神无以灵，将恐歇；谷无以盈，将恐竭；万物无以生，将恐灭；侯王无以正，将恐蹶[③]。故贵以贱为本，高以下为基。是以侯王自称孤、寡、不穀[4]。此非以贱为本邪？非乎？故至誉无誉[5]。是故不欲琭琭如玉[6]，珞珞如石[7]。

注 释

①昔：以往，指初始之时。一：指“道”。

②致之：推而言之。

③蹶（jué）：跌倒，失败。

④孤：孤德之人。寡：寡德之人。不穀：不够仁厚之人。均为古代帝王的谦称。

⑤至：至高的，最高的。

⑥琭琭：形容美玉的华丽。

⑦珞珞：形容石块的坚实。

译 文

自古以来凡是得道的：天空得道而清明，大地得道而安宁，神祇得道而灵妙，江河得道而充盈，万物得道而生长，王侯得道而天下平正。如果推而言之，天空不清明，恐怕要裂开了；大地不安宁，恐怕要塌陷了；神祇不灵妙，恐怕要消失了；江河不充盈，恐怕要干枯了；万物不生长，恐怕要灭绝了；王侯不能使天下平正，恐怕要垮台了。所以，贵是以贱为根本的，高是以低为基础的。因此王侯都自称孤家、寡人、不穀。这不正是以贱为根本吗？不是吗？所以最高的荣誉恰恰无须赞誉。所以不要像华丽的美玉，（宁可）像粗糙坚硬的石块。

评析

本章论述了必须以“道”作为“德”的依据。分作三层。第一层，以一组排比句，以因果论证论证“德”之中蕴含“道”的重要。文中的“一”，就指称“道”，显示“道”是起始的、第一位的（开天辟地的始祖），是单纯、统一、唯一的（作为天下万物成长化育的唯一、统一的依据），是整一（混沌一体、不可分割）、和谐统一（在矛盾分化、运动基础上的统一）的，不可指称、不可言说的，等等。中国文字的多义性模糊性，使得这些范畴具有了极其丰富的哲理诗情。第二层，“其致之也”直到“侯王无以正，将恐蹶”，又以一组排比句，通过因果论证，强调得道的重要性。那么本文中将要凸显的道的特性是什么呢？是柔弱卑下。可见第三层：“故贵以贱为本，高以下为基”，明显体现了重视“贱”“下”的贵柔守雌思想。这样的“道”，表现在“德”上，就是谦和、虚心、求实、居后、处下、低调及不讲究铺张排场、豪华外表等美德。本层中又列举若干事例、设置了比喻，形象地加以阐述。这些美德，也正体现了上一章中所说的“敦厚笃实”。

这两章联系起来看，显示了真正的“大德”，体现了“道”的自然无为、贵柔守雌的特性。讲究以这样的道为价值标准，才能产生美德、玄德、上德，才能实现人和人、人和天地、人自身的和谐统一。

四十章

反者道之动[1]，弱者道之用[2]。天下万物生于“有”，“有”生于“无”[3]。

注 释

①反：有相反、返归二意。

②弱：柔弱。柔弱是“道”发挥效应的表现方式。

③有：这里指有形象、可以称谓，指天地万物初生时，具有能够被感知的效用与确定性。无：这里指没有形象、没有称谓，指没有天地时混沌朴素的本始状态。

译 文

反是道的运动，柔弱是道的作用。天下万物都产生于“有”，“有”产生于“无”。

评 析

本章仅仅两句话，可以说概括了《老子》的主要内容。第一句“反者道之动，弱者道之用”，概括了“道”的运动规律，是矛盾双方不停运动，而且运动的方式是不断向着相反方向，不断返回起点也就是终点。这概括了《老子》中具有特色的“反向”辩证法思想，具有循环论色彩。这一思想方法为老子的许多思想观念、价值原则提供了方法论基础。比如自然无为、贵柔守雌等，都可以用以反彰正、以反求正的思维方法加以论证。“弱者道之用”也可以由“反者道之动”加以论证。这两句话几乎可以推论出《老子》中关于治国理政、为人处世的全部论述，成为以此为核心价值观的系统理论。当然反过来，我们也可以用老子治国理政、为人处世的经验之谈，来验证老子的这两句名言。前面是由抽象原理演绎为具体事理、事实，后者是由具体到抽象，由事实抽象出事理（非常道），最终抽象出哲学原理、哲学范畴（常道）。

《老子》中，作为最高层次的抽象结果的哲学范畴就是“道”（常道），而这个“道”的特点就是“有无相生，有生于无”。由“有与无”的哲学原理，便可以具体化出自然无为、贵柔守雌，乃至于老子关于治国理政、为人处世的一整套具体做法和具体理论。

本章第二句话就是“天下万物生于有，有生于无”。这句话首先可以看作是老子的宇宙发生论，论述的是宇宙起源问题。按照老子的说法，天下万物是由“道”产生出来的，而“道”首先具有“有无相生”的特点。所谓“有无相生”，是说“道体”是超验的，无声无色、无形无状、无限广阔、永久存在的，但是其作用（“道之用”）化育万物，威力无比。“道”，体用结合、相互依存、相互生发，就是“有无相生”。老子虽然不断探究“天道”，其道论中确实有许多自然科学知识作为根据，但是他提出“有无相生，有生于无”的

宇宙发生论的哲学命题，很大程度上只是为了凸显“无”的作用，为了凸显“无”在其价值理论中的分量。因为这个“无”，作为否定性概念，蕴含了无名、无知、无欲、无为、无已、无身等一系列词语的意思，可以作为对自然无为、贵柔守雌等核心价值观点的高度概括，成为《老子》建造的哲学体系的核心的哲学范畴。

四十一章

上士闻道，勤而行之①；中士闻道，若存若亡②；下士闻道，大笑之。不笑不足以为道。故建言有之③：明道若昧，进道若退，夷道若颣④。上德若谷，广德若不足，建德若偷⑤，质真若渝⑥。大白若辱⑦，大方无隅⑧，大器晚成。大音希声⑨，大象无形，道隐无名⑩。夫唯道，善贷且成⑪。

注释

①勤：勤勉，努力。

②若存若亡：好像存在，又好像不存在。指似懂非懂。

③建言：立言，古人所立之言。

④夷：平坦。颣（lèi）：崎岖不平。

⑤建德：刚健的德。偷：怠惰。

⑥渝：改变，变节。指变得混浊。

⑦辱：暗昧，污黑。

⑧隅：角落，棱角。

⑨希：稀少。

⑩隐：幽隐精微。

⑪贷：施与。成：成功。

译文

上士听了道，勤勉地遵行；中士听了道，似懂非懂；下士听了道，大声嘲笑。不被这种人嘲笑，就不足以成为道。所以古代立言的人说：光明的道好似暗昧，前进的道好似后退，平坦的道好似崎岖。崇高的德好似川谷，宽广的德好像不足，刚健的德好像怠惰，质朴纯真好像变得混浊。最洁白的好像污黑，最方正的空间好像没有棱角，最贵重的器皿成形在后。最大的声音反而听不到，最大的形象没有形体，道是幽微而没有名称的。然而只有道，善于施与，又能帮助万物走向成功。

评析

本章集中体现了老子“道论”中的反向思维的辩证法。分作三层。第一层先写三种人闻道的不同表现，引用古人名言，说明能够掌握反向思维辩证法的，才能是得道者，即有道者。第二层，从“上德若谷”到“质真若渝”，举例说明掌握了反向思维辩证法，才能具有贵柔守雌、清静卑下之德，具备“上德”。第三层，

列举“大方无隅……大象无形”等事例，说明所有伟大事物总会以反面形象表现出来，由此可见具有“正言若反”的智慧正是具有大德、大道的基本条件。

四十二章

道生一，一生二，二生三，三生万物①。万物负阴而抱阳②，冲气以为和③。人之所恶④，唯孤、寡、不穀，而王公以为称。故物或损之而益⑤，或益之而损。人之所教，我亦教之。强梁者不得其死⑥，吾将以为教父⑦。

注 释

①道生一，一生二，二生三，三生万物：这一句描述了宇宙生成的过程。其中的一、二、三的意思，主要有两种说法，一种认为没有实际的内涵，一种认为各有具体含义，本书赞成后一种，详见下文。

②万物负阴而抱阳：万物都具有阴阳相交的性质或状态。负，背。抱，向。

③冲气以为和：指阴阳两气交冲而形成的和谐状态。冲，交冲。和，和谐，平和。

④恶（wù）：厌恶。

⑤损：减少。益：增益。

⑥强梁者：强暴的人。

⑦教：教育，告诫。父（fǔ）：通“甫”，开始。

译文

道（先于万物而存在）混沌一体，分为阴阳二气，阴阳二气相互激荡形成冲和之气，阴、阳、和三气生养了万物。万物背阴而向阳，阴阳二气相互激荡以求平和。人们所厌恶的，就是孤、寡、不穀，王公却用这些字眼儿自称。所以，万物有时减少它反而得到增加，有时增加它反而受到减少。先人教我的，我也用来教你们。强暴的人绝没有好下场，我把这句话作为教育、告诫的开始。

评析

本章阐述了道生天地万物的过程，由此引出“德”应该具有谦虚柔弱的特点。分作两层。

第一层阐述“宇宙发生论”。关于“道生一……冲气以为和”应该如何解释，众说纷纭。刘笑敢认为：“并不是对宇宙万物产生的实际过程的现象的描述，而只是对宇宙生发过程的一个模式化表述。”就是说“一”“二”“三”之类并无实指。陈鼓应说：“‘一、二、三’是指‘道’创生万物时的活动历程。‘混而为一’的‘道’，……禀赋阴阳两气；……‘三’应指阴阳两气互相激荡而形成的适均状态。”万物从其中生长化育而出。“万物负阴而抱阳，冲气以为和”是以上述宇宙发生论为依据，断言阴阳和合的状态乃是宇宙万物得以生生不息的根本。《老子》中一再反对逞强好胜，主张贵柔守雌，反对过分人为，主张自然无为，其实就是追求这个“和”，以和谐发展为“道”之根本，乃是其本体论依据。

第二层，多方面论证“贵柔守雌”的美德：以王侯自称孤家寡人证明应持谦虚守下之美德；以损益得失本来出于正反互转之中来证明应该持有淡然处之、不患得患失的德行；提倡人与人之间教学相长、以理为依归、顺应自然的德行；争强好胜不得善终，所以自然无为、贵柔守雌是最为根本的美德。

第七部分　贵柔守雌与自然无为

本部分包括《四十三章》至《五十一章》，具体阐述了上德——「贵柔守雌」之德以及「自然无为」之德，并以相关的「道论」作为论据。

四十三章

天下之至柔，驰骋天下之至坚[①]。无有入无间[②]。吾是以知无为之有益[③]。不言之教，无为之益，天下希及之[④]。

注释

①驰骋：策马奔驰，这里指战胜、驾驭、控制。

②无有：无形无质。间：间隙。

③无为之有益："无有不可穷，至柔不可折，以此推之，故知无为之有益也。"（王弼语）

④希及之：很少能够比得上的。

译文

天下最柔弱的东西，可以战胜天下最坚硬的东西。无形无质的力量能够穿透没有任何间隙的东西。我因此便知道无为的益处。无言的教化，无为的益处，天下很少能比得上的啊。

评 析

本章论述贵柔守下的美德，并引申到自然无为的原则，揭示两者之间的关系。“至柔”之所以能够“驰骋天下之至坚”，因为看似“无有”所以能“入无间”，所以无能胜有、柔能克坚。“不言之教，无为之益”，在《二章》中已经阐述过相关内容，这里作为呼应、强调。老子提倡的美德，分为两大类，一类与“贵柔守雌”有关，一类和“自然无为”有关，这两类价值原则在本章均有所提及，也均可以得到以“无”为核心范畴的“道论”从本体论角度作论证。请参见《一章》《四章》《五十七章》《六十三章》《六十四章》等。

四十四章

名与身孰亲①？身与货孰多②？得与亡孰病③？甚爱必大费④，多藏必厚亡。故知足不辱，知止不殆⑤，可以长久。

注 释

①名：名声。身：身体，生命。孰：哪个。亲：亲切。

②货：财货。多：重。

③得：指名利。亡：失。病：有害。

④甚爱：过分地珍爱。大费：大的破费、耗费。

⑤殆：危害，危险。

译文

名声与生命相比哪一样更亲切？生命与财货相比哪一样更重要？得到名利与丧失生命相比哪一样危害更大？过分地珍爱必有大的耗费，囤积财富的人必有大损失。所以知道满足便不受屈辱，知道停止才能免除危险，可以享受长久的生命。

评析

本章提倡淡泊名利、无欲则刚。分作两层。第一层，用一组排比句将名利与身体、自然生命两相对比，问而不答，意思蕴含其中：名利财富均乃身外之物，不可过分追求。《十三章》提到无身、贵身之论：无身者，无欲则刚，宠辱自若；贵身者，珍惜自然，珍惜生命，不以身殉物，能推己及人。老子“贵身”之“身”是有高尚灵魂之“身”，“无身”之“贵身”，绝非行尸走肉，“营魄抱一”，形神兼修，相互为用，成就的是深谙自然无为、清净柔弱之道的圣人。与这里强调贵身不相矛盾。

第二层，强调欲望不可过度，必须知足知止，才可以长久（保持正常欲望的满足，自然生命的维持）。本章主张无欲，强调不是禁绝一切欲望，自然、合理、适度的欲望，比如重视自然生命的欲望，不在禁绝之列。

四十五章

大成若缺[1]，其用不弊。大盈若冲[2]，其用不穷。大直若屈，大巧若拙，大辩若讷[3]。静胜躁，寒胜热。清静，为天下正。

注 释

①大成：最圆满的东西。缺：欠缺。

②盈：充实。冲：冲虚，虚空。

③讷：木讷。

译 文

最圆满的东西看起来却好像欠缺的样子，但是它的作用永不衰竭。最充实的东西看起来却好像空虚的样子，但是它的作用不会穷尽。最正直的好像弯曲，最聪明的好像愚拙，最善辩的好像木讷。安静胜于躁动，寒冷胜于炎热。清静无为，是天下的正道。

评 析

本章提倡清净自守、谦和卑下的美德，描述中突出具有这种美德者含蓄内敛，外在表现上毫无表露。这里体现了老子历来主张的以反彰正的辩证思想。最后以“静胜躁，寒胜热”两组对比，引出结论：“清净，为天下正”，凸显清静自守之美德是天下的正道，可达正天下之效。

四十六章

天下有道，却走马以粪[①]；天下无道，戎马生于郊[②]。祸莫大于不知足，咎莫大于欲得[③]。故知足之足，常足矣[④]。

注 释

①却：退回。走马：善于奔跑的马，战马。粪：耕种，播种。

②戎马：战马。生于郊：指战马在战地郊野产下小马驹。

③咎：过错。

④常足：恒常持久的满足。

译文

天下有道的时候，就可以将战马从战场上撤回用来种地；天下无道的时候，连怀驹的母马都要上战场，在战地郊野生下小马驹。最大的祸害就是不知足，最大的过错就是贪婪。所以，以知足为满足的人，满足是永久的。

评析

本章提倡“无欲”的美德。开头以两种现象做对比，形象表现出战争给老百姓带来的危害。战争的起源，在于君主侯王的贪得无厌。所以接下去直接指责君主侯王“不知足”“欲得”的祸害，最后明确知足常足，肯定了“无欲”的美德。

四十七章

不出户，知天下；不阚牖[①]，见天道。其出弥远[②]，其知弥少。是以圣人不行而知，不见而明，不为而成。

注释

①阚：从小孔里看。牖（yǒu）：窗户。

②弥：越，更加。

译文

不出屋门，便可知天下；不望窗外，便可知天道。出去得越远，知道得越少。因此圣人不必出行便知道，不必观察就明白，无所作为而成就一切。

评析

本章阐述修养德的方法途径：足不出户，静心修养，内观返照，直观自省，清除心灵的障碍。《老子》认为，最重要的德行是贵柔守雌、清心寡欲，修养成这些德行，确实不需要面向经验世界，多感受，多思考，恰恰相反，需要的是闭目塞听，杜绝感官刺激，通过意念控制情感、欲望及动机的产生、发展、扩张。所以本章中“不出户，知天下”“圣人不行而知”的“知”，都不是认识过程中的“知”，不是“知识”的“知”，而是为人处世之“知”，是德性之知，是一种对人生智慧的体悟，是一种息心止行、悟道四达、清心寡欲的道德境界。

四十八章

为学日益，为道日损[①]。损之又损，以至于无为。无为而无不为[②]。取天下常以无事[③]，及其有事[④]，不足以取天下。

注 释

①为道：修炼德，体悟“常道”。损：减损。

②无为：顺应自然不妄为。

③取：治理。无事：无所事事。

④有事：造作生事。指政令繁苛。

译 文

探求外物的知识会日渐增多，修炼德体悟大道则会日益减损。一直减损下去，达到无为的境界。达到顺应自然不妄为的境界，便可以无所不为了。治理天下常常依靠无所事事，倘若等到极尽其能事，政令繁苛，便不能治理好天下了。

评 析

本章阐述道德修养的方法途径，将道德修养（为道）与探究学问（为学）相互对比："为学日益，为道日损。"探究学问，探究的是关于外在世界的知识，所谓"见闻之知"，这种知识日积月累，见闻感受日渐丰富，知识系统日渐完善，感情欲望也日渐增长，绝非道家之所追求。所谓"为道日损"，说的是道德修养不追求博览群书，读书万卷，书读了上万卷，最终也需要由博返约，抽象概括为应然之道——作为行为准则的价值标准、价值规范。"为道"的关键不在于单纯获得"德性之知"，而在于践履"应然之道"，与"为学日益"不存在必然联系。冯友兰等认为"为道日损"说的是道德修养是要用否定的方法，闭目塞听，"涤除玄鉴"，减少感官刺激，抵制感官刺激的诱惑，逐渐克制、消弭内心欲望。所以"为道"的过程是"损之又损，以至于无为"。本文接下去简要叙述清心寡欲、清静无为的德行养成以后的效果，可以"无为而无不为"，可以"无事取天下"，这就是道家所谓的内圣外王之道。

四十九章

圣人常无心①，以百姓心为心②。善者，吾善之；不善者，吾亦善之，德善③。信者，吾信之；不信者，吾亦信之，德信④。圣人在天下，歙歙焉⑤，为天下浑其心⑥。百姓皆注其耳目[7]，圣人皆孩之[8]。

注　释

①常无心：总是没有私心。

②以百姓心为心：（圣人）总把百姓的心思当成自己的（心思）考虑，说明圣人能够体察百姓。

③德善：得到善德。德，得，趋向。

④信：诚信。

⑤歙歙：收敛，指收敛主观欲念。

⑥浑其心：使人心思化归浑朴。

⑦注其耳目：各用聪明（王弼注）。注，注力。耳目，耳朵、眼睛。

⑧孩之：（让百姓）回归婴儿状态。

译　文

圣人总是没有私心，以百姓的心思作为自己的心思。善良的人，我以善良对待他；不善良的人，我也以善良对待他，从而使得人心趋向善良。诚信的人，我以诚信对待他；不诚信的人，我也以诚信对待他，从而使得人心趋向诚信。圣人治理天下，收敛欲念，使人心思化归浑朴。百姓们专注于使用自己的智谋，生出事端，圣人则让他们回归到婴儿状态。

评析

本章阐述体现“道”的圣人之德行——“圣人常无心”。第一层，阐释何谓“圣人常无心”。“圣人常无心”说的是圣人具有不固执己意，听从百姓意见，“以百姓心为心”的德行，这是符合“自然无为、贵柔守雌”价值原则的德行。第二层，具体阐述这种美德的表现，以及能够取得的效果：无论善者还是不善者，无论信者还是不信者，君主侯王均以善和信待之，这样天下百姓都保持混沌淳朴之心，如同婴儿一般无知无欲。

五十章

出生入死。生之徒，十有三；死之徒，十有三；人之生，动之于死地，亦十有三。夫何故？以其生生之厚[①]。盖闻善摄生者[②]，陆行不遇兕虎，入军不被甲兵；兕无所投其角[③]，虎无所用其爪，兵无所容其刃[④]。夫何故？以其无死地。

注释

①生生之厚：求生欲望过于强烈，违背自然之道。

②摄生：养生。

③兕（sì）：犀牛。投：放，攻击。

④容：容纳，施加。

译 文

人始于生而终于死。长寿的人，占十分之三；短命夭折的人，占十分之三；本来可以长寿，却意外走向死亡的人，也占十分之三。为什么会这样？因为这些人求生欲望过于强烈，违背了自然之道。听说善于养生的人，在陆地上行走不会遇到猛兽，打仗不会受到伤害；犀牛不知怎么用角攻击他，猛虎不知怎么对他扑张爪，敌兵不知怎么对他挥舞刀。为什么会这样？因为他没有自己走向死亡的境地啊！

评 析

本章论述应以“顺乎自然、清心寡欲”的态度对待生命。分作两层。第一层，指出生死之重要，但是得以长生的人数量很少。问题在于“生生之厚者，逞欲于声色等，是自伤其生而动之死地”（高亨注），违背了自然无为、贵柔守雌的原则。第二层，在第一层基础上，指出善摄生者应该少私寡欲、清净朴质、纯任自然的生活。老子主张珍视自然生命（这也是一种美德），但是同时更加注重生命的精神内涵；强调养生，但是同时强调不能“生生之厚”，蕴含着丰富的辩证思想。

五十一章

道生之，德畜之，物形之[①]，势成之[②]。是以万物莫不尊道而贵德。道之尊，德之贵，夫莫之命而常自然。故道生之，德畜之，长之育之，亭之毒之，养之覆之。生而不有，为而不恃，长而不宰，是谓“玄德”。

注释

①物：事物。形：使呈现各种形态。

②势：形势，环境。

译文

道生成万物，德蓄养万物，万物呈现各自形态，环境使万物得以成长。所以万物没有不尊重大道又看重德的。道之所以尊崇，德之所以可贵，在于道和德不主宰万物而任凭万物自我化育。所以道生出万物，又以德去蓄养万物，使它们成长使它们发育，使它们成熟使它们结果，对它们抚爱对它们保护。生长万物却不占为己有，化育万物却不自恃己功，身为万物之主却不任意宰制，这可真是深远的恩德啊！

评 析

本章论证顺应自然的德行是最高的德行。分两层。第一层，将“道”“德”“物”“势”放在万物生长发展的全过程中，展现其各自的作用，在“道”与“德”的联系中，凸显“道”与“德”的重要性。第二层，道与德的尊贵、重要，均在于它们具有“自然”的特性。何谓“自然”?“自然”是“道”具有的化生万物而不居功自傲，让万物得以生长而不强加宰持——也就是“自然无为、贵柔守雌”的特性，这些特性也应该成为“德”所具有的特点，成为治国理政、为人处世应该遵循的价值原则。这是至高无上的大德、常德，也可称为“玄德”。“玄德”就是“生而不有，为而不恃，长而不宰”之德。

《老子》中的“道”，具有二重性。一方面“道”赋予万物以秩序，是万物存在、生长、发展的依据，另一方面“道”却又不居功自傲，不具有上帝神灵的权威，不同于客观规律的确切性和决定性，它是实有其效又自然而然的。

第八部分　说修道

本部分包括《五十二章》至《五十六章》，重点阐述如何修道，描述了修道的最高境界——玄同。

五十二章

天下有始[①]，以为天下母[②]。既得其母，以知其子；既知其子，复守其母，没身不殆。塞其兑[③]，闭其门，终身不勤[④]。开其兑，济其事[⑤]，终身不救。见小曰明[⑥]，守柔曰强[⑦]。用其光，复归其明，无遗身殃[⑧]；是为袭常[⑨]。

注释

①始：本始，这里指“道”。

②母：根本，本源，这里指“道”。“道”是万物的起始，是万物的母亲。道与万物的关系，是本源和支流、母亲和儿子的关系。抓住“道”这个根本，就可以掌控天下万物。

③兑（duì）：口，引申为有孔窍的东西。

④勤：劳苦，忧虑。

⑤济：成功，完成。

⑥见小：洞识幽微。明：明智。

⑦守柔：持守柔顺。强：强大，刚强。

⑧遗（wèi）：招致。殃：祸害。

⑨袭常：袭承永不断绝的道。

译　文

天下事物都有个开始，那就是天下万物的母亲。既晓得事物的根源，就知道事物的特性了；既知道事物的特性，也就可以守候它的根本，终身都没有危险。塞住嗜欲的孔窍，关闭嗜欲的门户，就终身不会有劳苦愁烦。敞开通达的孔窍，完成聪明能事，便终身不能得救了。能见微知著才叫明智，能持守柔顺才叫强大。借着大道洒下的光亮，复归其光明之中，就不会招致祸害；这就承袭了永不断绝的道。

评　析

本章阐述修道守道的重要性，以及如何修道守道。分作三层。第一层，首先指出道和物（天下万物）之间的关系，如同母子关系，因此修道守道可以“没身不殆”。这里论述“道”的作用，以“发生论”“本体论”作为论证的理论基础。第二层，论述修道守道的具体内容及其效用。“塞其兑……终身不救”，正反对比，主张节制欲望，不为事功所累。“见小曰明，守柔曰强”，主张见微知著，守柔居下。第三层，再次强调修道守道就可以“用光复明”，不留下祸殃。这就是“永不断绝的道”。

五十三章

使我介然有知[①]，行于大道，唯施是畏[②]。大道甚夷[③]，而人好径[④]。朝甚除[⑤]，田甚芜，仓甚虚；服文彩，带利剑，厌饮食[⑥]，财货有余，是为盗夸[⑦]。非道也哉！

注释

①使：假使。介然：微小，细微。

②施（yí）：通“迤”，邪，不正。

③夷：平坦。

④径：小路。

⑤朝：宫室。除：更除，形容奢侈。

⑥厌：满足。

⑦盗夸：盗魁，强盗的首领。夸，大。

译文

假使我稍微有些知识，我将遵大道而行，唯恐走入邪路。大道非常平坦，世人却喜欢走小路。宫室非常豪华，田园非常荒芜，粮仓非常空虚；（君主侯王）穿着华丽昂贵的服饰，佩戴锋利的刀剑，饱食美

味佳肴，占据充余的财物，这就是强盗的首领。真是背离大道啊！

评 析

本章提出君主侯王遵道而行，应该谨慎而为。为什么这么说呢？因为虽然大道平坦，但是人们却喜欢走小路。为什么会如此？因为经受不住诱惑。于是接着描绘了君主侯王因为抵挡不住诱惑而骄奢淫逸的状况："朝甚除……仓甚虚"，说明社会政治不清，经济不振；在此情况下，揭示统治者们"服文彩……财货有余"，显示其贪婪浮华，愤怒斥责其"是为盗夸"，是完全不合乎"道"的行径。全篇看来，强调的是修道守道必须抵挡得住诱惑。

五十四章

善建者不拔[①]，善抱者不脱[②]，子孙以祭祀不辍。修之于身，其德乃真；修之于家，其德乃余；修之于乡，其德乃长[③]；修之于邦，其德乃丰；修之于天下，其德乃普。故以身观身[④]，以家观家，以乡观乡，以邦观邦，以天下观天下。吾何以知天下然哉？以此[⑤]。

注 释

①善建者：指修道、得道之人，后一句中的“善抱者”也是此意。建，建立。拔：拔除。

②抱：抱住，固定。脱：脱落。

③长：弘扬，盛大。

④以身观身：通过自身来观察别人。以下“观家、观乡、观邦、观天下，一理而已”（王弼注）。

⑤以此：根据上面所说的道理。

译 文

善于建立的不能拔除，善于抱持的不会脱落，（以道治国）则后世子孙可以世世继业、祭祀不绝。一个人以道修身，他的德必定真实无伪；一家以道修身，这一家的德必定充实有余；一乡如果以道修德，这一乡的德必定盛大；一邦国人如果以道修德，这一邦国的德必定丰满兴隆；若以此教化天下，天下人的德必定普遍。所以，通过自身来观察别人，通过自家来观察他家，通过自己家乡来观察其他乡，通过自己国家来观察其他国家，通过当今天下来观察未来天下。我为什么知晓治理天下的事情呢？就是从这里。

评 析

儒家重视内圣外王、修齐治平，道家也是如此。内圣外王、

修齐治平，关键在于修身修道（包括体道、悟道、践道等）。本章论证了修道的重要性及其方法途径。分作三层。第一层，指出善于修道者可得长治久安，后代享受祭祀烟火不绝。第二层，以五句一组排比句，突出修道对于修齐治平的重要意义。第三层，指出修道的方法途径：在修齐治平的实践中修道，强调了修道中实践的重要性。但是儒家修身修德强调格物致知、诚意正心、积极入世，道家则不主张以一己之躯直系天下兴亡，主张静修，有一套完整的主张，请参见下文（《五十六章》等）。

五十五章

含德之厚，比于赤子①。蜂虿虺蛇不螫②，攫鸟猛兽不搏。骨弱筋柔而握固。未知牝牡之合而朘作③，精之至也。终日号而不嗄④，和之至也。知和曰常⑤，知常曰明。益生曰祥⑥，心使气曰强⑦。物壮则老，谓之不道，不道早已⑧。

注释

①赤子：初生的婴儿。

②虿（chài）：蝎子。虺（huǐ）：毒蛇。

③牝：雌的动物，与“牡”相对。朘（zuī）：男孩的生殖器。

④终日：整日。号：大声啼哭。嗄（shà）：嘶哑。

⑤常：规律，这里指“道”。

⑥益生：贪图生活奢侈。祥：灾祸。

⑦心使气：任性使气。强：逞强。

⑧已：衰亡。

译文

德修养深厚的人，好比婴儿。黄蜂蝎子毒蛇不刺他咬他，凶禽猛兽不扑击他。（他）筋骨柔弱但是拳头却握得很牢固。他不知道男女交合的事情但是小生殖器却会自动勃起，因为他的精气极度充沛。他整天啼哭声音却不会嘶哑，因为他的元气平和淳厚到了极点。明白了“和”的道理就是永恒，明白了永恒的道理就是明智。贪图奢侈生活就是灾祸，放纵贪婪的欲望任性使气就会逞强好胜。事物一旦逞强示壮就会衰老，这是不合乎道的，不合乎道注定早早灭亡。

评析

本章中老子以婴儿为比喻，阐释“柔弱”“无欲”是最高的德行。婴儿“蜂虿虺蛇不螫，攫鸟猛兽不搏。骨弱精柔而握固”，虽柔弱而实坚强；“未知牝牡之合而朘作”，虽无欲而力举，因为他精气充沛；“终日号而不嗄”，因为他元气平和醇厚。得道者深得贵柔守雌、自然无为之道，所以如同婴儿一般，精气十足，元气充沛。接下去老子从反面阐述：不能知“道”、得“道”的，往往

纵欲贪生，遭遇祸殃，任性使气，逞强好胜。过分强壮不合于道，不合于道很快就会死亡。

“物壮则老”可以说是宇宙万物的根本规律，任何事物都不能逃脱。人们只知道“如日中天，不可一世”的痛快，却不知其时正是衰落的开始。要避免过早衰落，就不应该逞强好胜，而应该保持“和”的状态，也就是适度的状态，不要破坏自然、和谐的秩序。

五十六章

知者不言，言者不知。塞其兑，闭其门，挫其锐，解其纷，和其光，同其尘，是谓“玄同”①。故不可得而亲，不可得而疏；不可得而利，不可得而害；不可得而贵，不可得而贱。故为天下贵。

注　释

①玄同：玄妙齐同，此处是指一种与道合一的境界。

译　文

智者不多说话，多说话的人就不是智者。塞住嗜欲的孔窍，关闭嗜欲的门户，消磨它的锐气，消除它的纷扰，混合它的光辉，混同它于尘俗之中，这就是玄妙齐同的境界。因此，（达到“玄同”境界的人）不能亲近，不能疏远；不能使他得利，不能使他受损；不能使他尊贵，不能使他卑贱。所以为天下人所尊重。

评 析

体道、悟道、践道、得道，具有玄德、常德，就进入得道者、圣人的境界。本章描述了进入这一境界的特征，为修道者树立标杆榜样，以便其有所遵从。首句说得道者是智慧之人，智者“不言”，因为智者得道，道法自然，因任自然，就应该少言寡语。“道可道，非常道；名可名，非常名”，智者深谙常道，不会轻易言语。

“塞其兑……是谓玄同”，描述的是得道者归真返璞、齐同万物、和光同尘、无知（感官知觉）无欲的境界，老子称之为“玄同”。（参见第四章）进入这种境界，亲近疏远、利益伤害、尊贵卑贱，一切“非常道”世界中的分别和差异都一起泯灭。当然到达这种境界自然也就无知无欲、自然无为，所以为天下人所尊重。老子主要讲无为无不为，目的还是要有所作为。到了庄子主要讲无欲无为，可以实现人生的逍遥游，目的就大不相同了。老子的“玄同境界”，可以说是庄子逍遥游境界的渊源。需要强调的是，老子的所谓“玄同”，不是归真返璞，回到万物起始时候的混沌状态，不是不辨是非、没有分辨思考，而是要在对是非、亲疏、利害、高低、贵贱等人类社会为之奋斗的价值观念进行了深入观察分析之后，达到的更高的境界。冯友兰将这种境界称作人生的最高境界。张世英先生称之为“天人二分”之后的“天人合一”境界。

第九部分　治国以『道』为本

本部分包括《五十七章》至《六十二章》，阐述了新的治国理政理念：以道为本，自然无为，贵柔守雌。

五十七章

以正治国[①]，以奇用兵，以无事取天下[②]。吾何以知其然哉？以此：天下多忌讳[③]，而民弥贫；人多利器[④]，国家滋昏；人多伎巧[⑤]，奇物滋起[⑥]；法令滋彰，盗贼多有。故圣人云："我无为，而民自化；我好静，而民自正；我无事，而民自富；我无欲，而民自朴。"

注释

①正：指无为清静的方法。

②无事：清静无为。

③忌讳：禁忌，避讳。

④利器：锐利的武器，喻指权谋。

⑤伎巧：指技巧，智巧。

⑥奇物：邪事，奇事。

译文

以无为清静的方法去治理国家，以奇巧诡秘的办法去用兵打仗，以清静无为之道治理国家。我怎么知道这个道理呢？根据就在于此：天下的禁忌越是繁多，而老百姓就越陷于贫穷；治理国家的权谋越多，国家就越是陷于混乱；人们的技巧越多，邪怪之事就越会发生；法令越是分明周密，盗贼就越是不断地增加。所以有道的圣人说："我无所作为，百姓就自我化育；我喜欢清静，百姓就自我端正；我无事，百姓就自然富裕充足；我无贪欲，而百姓就自然回归淳朴。"

评 析

本章中心是讲"无为而治"，这是《老子》中治国理政的核心理念。分三层。第一层用"以正治国，以奇用兵"引出中心论点"以无事取天下"，目标是"取天下"，"无事"是方法途径。第二层，用设问句"吾何以知其然哉？以此"，引出本层中的论述。"天下多忌讳，而民弥贫……法令滋彰，盗贼多有"，四组对比构成排比句群，形象表现了有为者，越是"有为"，状况越是糟糕。论证的思维方法是《老子》中常用的反向思维、辩证法。第三层由此得出结论："我无为，而民自化……我无欲，而民自朴"，以铺排句式凸显了中心：君主侯王"无为"，黎民百姓则可"自然而然自己如此"，合乎规律地发展。这不仅揭示了君主侯王无为之治的效果，使得百姓得以自然发展，而且暗示君主侯王之所以能够实行无为之治，关键在于君主侯王信任老百姓能够自化自正、自富自朴，能够自然得以发展。

《老子》中十次讲到无为，九次与圣人有关，只有一次与君主侯王有关，可见"无为"是一种治国理政、为人处世的理想状态。

《老子》文本中“无为”绝非否定一切作为。它的中心指向是对社会治理者直接控制和干涉行为的否定，它提倡的是一种“实有似无”的作为。根据庞朴研究，“无”有三个义项：有而后亡，实有似无，绝对的无。老子所说的应该是第二种。这样“无为”指的是实际上有为，看上去似乎没有，之所以如此，是因为这种“无为”让被治理者甚觉自然，为其提供可能激发起自为自化自由发展的空间，实现“无为而无不为”“无为故无败”——自然无为。简言之，这种“无为”的效果是“辅万物之自然”。“无为”及其相关概念倡导了一种批判精神，表达了老子对世俗传统人类文明发展中发现的问题的反思与批判。由“无为”抽象概括出的“无”，成为《老子》哲学系统的核心范畴。

五十八章

其政闷闷[①]，其民淳淳[②]；其政察察[③]，其民缺缺[④]。祸兮，福之所倚；福兮，祸之所伏。孰知其极[⑤]？其无正也。正复为奇[⑥]，善复为妖。人之迷，其日固久[⑦]。是以圣人方而不割，廉而不刿[⑧]，直而不肆，光而不耀。

注 释

①闷闷：昏昧的状态，这里有宽厚、平和的意思。

②淳淳：淳朴厚道。

③察察：严厉，苛刻。

④缺缺：狡黠，抱怨，不满足。

⑤孰：谁。极：最终的结果。

⑥奇：反常，邪。

⑦人之迷，其日固久："人的迷惑于祸、福之门，而不知其循环相生之理者，其为时日必已久矣。"（严灵峰）

⑧廉：锐利。刿（guì）：割伤。

译 文

政治宽厚平和，百姓就会淳朴厚道；政治严厉苛刻，百姓就会狡诈不满。灾祸啊，幸福就依傍在它的里面；幸福啊，灾祸就潜伏在它的里面。谁能知道这变化的最终结果呢？它们并没有确定的标准。正变为邪，善变为恶。人们的迷惑，时日确实很久了。因此，有道的圣人方正而不割伤人，锐利而不伤害人，直率而不放肆，光亮而不刺眼。

评 析

本章主张治国理政实行"无为而治"。分作三层。第一层，将道家理想的政治与法家的严苛政治相对比。前者使得"其民无所争竞，宽大淳淳”（王弼），后者使得“民怀争竞”（王弼）、“机诈满面”（蒋锡昌）。第二层指出祸福相依，是非善恶相互转化，意在批判法令条文条分缕析，追求法令严明，往往适得其反，让百姓越来越糊涂。这一层论证中运用了正反互转的辩证思想。第三层，指出圣人成功的秘诀在于始终注意不走极端，保持适度平衡，这一层中体现了颇具儒家特色的中庸思想。有人提出，老子只讲矛盾转化，不讲转化的条件，其实并非如此。“甚爱必大费，多藏必厚亡”，“甚爱”“多藏”就是达到极点、过分之意。“极”就是转化的条件，“物极必反”就是表达了这个意思。

五十九章

治人事天，莫若啬①。夫为啬，是谓早服②；早服谓之重积德；重积德则无不克③；无不克则莫知其极④；莫知其极，可以有国⑤；有国之母⑥，可以长久。是谓深根固柢、长生久视之道⑦。

注释

①啬：爱惜，保养。

②早服：早做准备。

③重：多。克：胜。

④极：极限，极点。

⑤有国：指掌握国家政权，治理天下。

⑥母：根本，原则。

⑦深根固柢（dǐ）：深厚的根底不可动摇。长生久视：长久地维持，长久存在。

译 文

治理百姓和侍奉天道，没有比爱惜精神更为重要的了。爱惜精神，才能够早做准备；早做准备就是不断地积德；不断地积德就无往不胜；无往不胜就无法估量他力量的极限；没有人知道他力量的极限，就可以担负治理国家的重任；掌握了治理国家的原则和道理，国家就可以长久维持。这就是根深柢固、长久存在的道理。

评 析

本章开头明确指出论点：治国理政“莫若啬”。“啬”，是指爱惜精神。爱惜精神就是顺其自然，自然无为。顺应自然规律，不胡思乱想、胡乱作为，确实既省心省力，又能收到“无不为”的效果，确实是“爱惜精神之道”。所以这个论点实在是治国理政观念的形象化概括。提出论点后运用顶针句式，揭示啬、积德、有国之道（“之母”）之间的逻辑联系。“啬”需要早做准备，早做准备就是注重积德，注重积德就是体会领悟治国理政的根本原理

——自然无为、贵柔守雌。抓住这个治国理政、为人处世的根本，就可以“长生久视”“无为而无不为”。

六十章

治大国，若烹小鲜①。以道莅天下②，其鬼不神；非其鬼不神③，其神不伤人；非其神不伤人，圣人亦不伤人。夫两不相伤，故德交归焉。

注释

①小鲜：小鱼。

②莅：临。

③非：不唯，不仅。

译文

治理大国，好像煎烹小鱼。用道治理天下，鬼怪起不了作用；不仅鬼怪不起作用，而且神祇也不伤害人；不但神祇不伤害人，圣人也不会伤害人。这样，鬼神和有道的圣人都不伤害人，所以就可以让百姓享受到德的恩泽。

评析

本章中心是讲“无为而治”的治国理政之道。开头一句就是一层，“治大国，若烹小鲜”，以形象的比喻，说明治理国家，哪怕是很大的国家，绝对不要随意搅扰百姓，否则胡乱搅扰，越是搅扰越是糟糕。这个警句说的其实就是无为而治的道理，在中国政治思想史上产生了深远影响。接下去第二层，便论述了以道治国的重要性。道的效用胜过鬼怪、神祇、圣人，只要遵道而行，则鬼怪、神祇、圣人都不能伤害人，可以让百姓享受到道德的恩泽。这个道就是自然无为的天道。

六十一章

大邦者下流①，天下之牝②，天下之交也③。牝常以静胜牡④，以静为下。故大邦以下小邦⑤，则取小邦；小邦以下大邦，则取大邦。故或下以取，或下而取。大邦不过欲兼畜人⑥，小邦不过欲入事人⑦，夫两者各得所欲⑧。大者宜为下。

注释

①下流：甘心居于江河下游，比喻海纳百川，谦卑处下。

②牝：雌性动物，这里指柔弱居下。

③交：百川汇合。

④牡：雄性动物，这里指雄强有力。

⑤下小邦：以谦下的态度对待小国。

⑥兼畜人：将人聚集在一起加以庇护，意思是使得小国归附。

⑦入事人：侍奉他人，意思是小国依附大国而寻求大国保护。

⑧各得所欲：各自满足希望，达到目的。

译 文

大国要甘心处下，处在雌柔的位置，为天下所归附。雌柔常以安静柔弱而胜过雄强，这是因为它柔静处下。所以大国对小国谦下忍让，可以取得小国的信任和依赖；小国对大国谦下忍让，就可以被大国所容纳。所以有时大国对小国谦让而取得小国的信任，有时小国对大国谦让而被大国容纳。大国不过想聚养小国，小国不过想依附大国，两方都可以实现愿望。大国特别应该谦和忍让。

评 析

本章专门论述治国理政中国家之间的外交原则，为坚守谦下退让之道。这是贵柔守雌之道的具体体现。分作两层。第一层，明确提出“大邦者下流”，外交中，大国处于强势地位，首先应该主动采取谦下的姿态。这样反而得到人心归附，处于“雌性地位”——老子历来认为雌性地位看似柔弱居下，实则攻坚克难，

无往不胜。接着以雌性“以静胜牡，以静为下”作为比喻，形象阐释大国甘居下流的道理。第二层，具体阐述外交中大国、小国守持谦下退让之道的具体做法和效果，总的说来最终结果是“各得所欲”。最后一句，呼应开头，强调外交中大国特别适宜采取谦下退让之道。老子在这里为什么用“牝牡”“雌雄”而不用“阴阳”“男女”呢？因为“牝牡”“雌雄”的比喻隐喻了男女之事又超越了男女之事，说明了老子哲学关切人类之社会行为，又要达到超越具体行为的普遍哲理的层次，“阴阳”“男女”都无法恰切表达老子这种既现实又普遍的关怀与主张。

六十二章

道者万物之奥①。善人之宝，不善人之所保②。美言可以市尊③，美行可以加人④。人之不善，何弃之有⑤？故立天子，置三公⑥，虽有拱璧以先驷马⑦，不如坐进此道⑧。古之所以贵此道者何？不曰：求以得，有罪以免邪？故为天下贵。

注 释

①奥：藏，“道为万物之藏，无所不容”（河上公注）。

②所保：赖以保全的东西。

③市尊：换来敬仰、尊敬。

④加人：见重于人。

⑤人之不善，何弃之有："不善之人何可弃之，当以道化之"（河上公注）。

⑥三公：太师、太傅、太保。

⑦拱璧：指双手捧着贵重的玉。驷马：四匹马驾的车。古代的献礼，轻物在先，重物在后。

⑧坐进此道：献上清静无为的道。

译文

道是万物的庇荫。它是善人的宝物，也是不善之人赖以保全的东西。美好的言辞可以博取尊荣，美好的行为使人得到敬重。即使是不善之人，怎能被抛弃呢？所以，就是立为天子，封为三公，以捧璧在前、驷马在后的礼仪进献，还不如献上清静无为的道呢！古时候为什么重视道呢？不就是说：（因为依靠道，）所寻求的能得到，有罪的能得到赦免吗？所以道被天下人尊重！

评析

本章论述"道"对于处世为人、治国理政的重要性。分作四层。第一层提出论点，"道"是万物的庇荫。第二层，分别阐述对善人、不善人而言，道的庇荫作用。对"善人"而言，道如同宝物，可以用于指导治国理政、为人处世；对于"不善人"而言，可以用于保全自身。文中以"美言可以市尊，美行可以加人"作

为铺垫，用反问句式，强调不善之人不可放弃。第三层，以“立天子，置三公”“拱璧驷马”与“坐进此道”比较，突出后者的重要。第四层，以设问句明确揭示道的作用在于“求以得，有罪以免”，呼应开头“善人之宝，不善人之所保”。强调道的重要，目的在于提醒君主侯王治国理政中抓住根本。文中特别强调道对于“善人”“不善人”来说，都很重要。这里的道，强调的是清静无为、没有偏私、一视同仁、公平合理，这正是道的可贵之处。

老子坚信人的天然本性具有一种普遍意义与价值，与善与不善无关。他相信圣人无为则百姓可以自化、自正、自富、自朴。这与马斯洛的观点相似：有机体有着自我控制的趋向，健康的人不喜欢被控制。（刘笑敢：《老子古今》，中国社会科学出版社 2006 年版）

第十部分　具体阐说治国之道

本部分包括《六十三章》至《六十九章》，列举具体事例，阐述了治国理政的若干具体观点，渗透了『道』的理念。

六十三章

为无为，事无事，味无味。大小多少。（报怨以德①。）图难于其易②，为大于其细。天下难事，必作于易；天下大事，必作于细。是以圣人终不为大③，故能成其大。夫轻诺必寡信，多易必多难。是以圣人犹难之，故终无难矣。

注释

①报怨以德：这句与上下文关联不大，为错简，依严灵峰之说移至《七十九章》。

②图：考虑，处理。

③不为大：（有道的人）不自以为大。

译文

把清静无为当成作为，把平安无事作为事情，把恬淡无味当作味道。大生于小，多起于少。处理困难问题要从容易的地方入手，实现远大目标要从细微的地方做起。天下的难事，一定从简易的地方做起；天下的大事，一定从微细的部分开始。所以，圣人自始至终不自以为大，所以能成就其伟大的事业。轻易许诺的必定很少诚

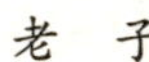

信，看待问题觉得容易的必定艰难。所以圣人尚且有艰难之心，但终究无难成之事。

评析

本章论述在治国理政中应该遵循清静无为、谦和守下之道。分作三层。第一层，开头提出论点，一是“为无为，事无事，味无味”，主旨均涉及“自然无为”；二是“大小多少”，主旨均涉及“谦和守下”。第二层“图难于其易……故能成其大”，阐述自然无为之道，兼及谦和守下之道。所谓“无为”，不是无所作为，而是大处着眼，小处着手，从小处做起，由小及大，绝不因小失大。由易到难，将难以解决的大困难解决于困难刚刚处于萌芽状态之时。只有持有谨慎认真态度，“终不为大”，才能“成其大”。第三层“夫轻诺必寡信……故终无难矣”，强调谦虚守下之道。首先指出“轻诺寡信”，自高自大、口出狂言，很少树立诚信，将会失去为人处世的根本；开口认为某事容易，肯定遭遇困难，正确的态度是把事情的难处考虑在先，采取谨慎态度，这样反而没有困难（困难被无形中化解了），这样就可以“无为而无不为”了。本章与下一章，在论述中，都论及“无为而无不为”，一般而言，老子所说的“无为”，指的是顺乎自然而为、不妄为，而这两章则侧重于论述“为大于其细”，论述了在矛盾处于刚刚萌发状态时，将其化解于细微之中，体现了大与小、量变和质变的辩证思想，使得“无为而无不为”的思想内涵更加丰富了。

孔子主张“以直报怨”，老子主张“以德报怨”，二者孰是孰非？“以直报怨”讲究是非分明，但是可能使人生活在恩怨计较、冤冤相报之中，难得安宁平静；老子的“以德报怨”绝非简单的息事宁人，也绝非无法“以直报怨”的不得已之选，这是知人明理的一贯原则，自会有充分的自信自足。只有当多数人接受“以德报怨”的原则了，人类才可能有真正可靠的和平与和谐。

六十四章

其安易持①，其未兆易谋②。其脆易泮③，其微易散。为之于未有，治之于未乱。合抱之木，生于毫末④；九层之台，起于累土；千里之行，始于足下。为者败之，执者失之。是以圣人无为，故无败；无执，故无失。民之从事，常于几成而败之。慎终如始，则无败事。是以圣人欲不欲⑤，不贵难得之货；学不学⑥，复众人之所过。以辅万物之自然，而不敢为。

注释

①安：安定。持：保持。

②兆：征兆。

③脆：脆弱。泮：散，解。

④毫末：细小的萌芽。

⑤欲不欲：以“不欲”为欲。

⑥学不学：以“不学”为学，指学问乃自然而然所得。

译文

事物安定时容易持守，未见兆端时容易图谋。脆弱不支时容易瓦解，细微不显时容易消散。要趁事情未发生时做准备，要趁世道未混乱时治理。合抱的粗木，是从细小的萌芽长起来的；九层的高台，是一筐土一筐土筑起来的；千里的行程，是一步又一步迈出来的。妄为就会失败，强执而为就会丧失。所以，圣人不妄为，所以不会失败；不把持，所以不会失去。世人行事，往往是几近成功的时候失败。如果到最后一刻还像刚开始时一样谨慎，就不会有失败了。所以，圣人把没有欲望当成欲望，不以难得之货为贵；把人不学的当成自己学习的内容，设法补救芸芸众生所犯的错误。圣人这样做，是辅佐万物自然而然地发展，而不是妄加干涉。

评析

本章主要论述“无为之道”，同时涉及谦虚守下之道，这两者本来就有着密切联系。分为五层。第一层，列举“其安易持……其微易散”四方面例子，说明事物中矛盾处于萌芽状态时比较容易解决，由此得出结论：“为之于未有，治之于未乱。”说明“无为而治”不是消极无为，而是尽早发现矛盾，将其解决于萌芽状态。这是一种积极有为的态度。第二层，列举若干例子，说明事物的发展都有一个由小到大的过程，处理问题必须注重起始阶段，这一层可以看作是对上一层的比喻论证。第三层，论证无为、无执的治国理政观点。这里的有为，指的是不合自然之道，没有顺应自然规律的胡作非为、过分作为；这里的执者，执持的是执着己见、逞强好胜、好大喜功的态度，完全不符合自然无为、贵柔守雌之道，所以必定招致失败。第四层，论述“慎终如始”是成功之道，强调成功需要的是谦虚谨慎的态度。文中指出人们为人处世，往往功败垂成，其原因在于将要成功时，往往会滋生骄傲自满情绪。第五层，论述圣人应该以“不欲”为欲望，以“不学”为学习，“不欲”“不学”可谓是实施“无为之治”的重要途径、方法。闭目塞听，减少外界干扰，消除感官刺激，力求清心寡欲，是无为的重要的心理因素。最后指出，不学不欲，就可以“辅万物之自然，而不敢为”。没有私欲的过度膨胀，没有外界声色犬马对感官的过分刺激，人就能够清心寡欲、清静无为，敬畏自然，而不敢逞强好胜、肆意妄为，这就是所谓的符合于自然之道、“辅万物之自然”了。

六十五章

古之善为道者，非以明民[①]，将以愚之。民之难治，以其智

多[②]。故以智治国，国之贼[③]；不以智治国，国之福。知此两者，亦稽式[④]。常知稽式，是谓玄德。玄德深矣，远矣，与物反矣[⑤]，然后乃至大顺[⑥]。

注 释

①明：知晓巧诈。

②智：巧诈、奸诈，而非智慧、知识。

③贼：伤害。

④稽式：法式，法则。

⑤反：回归纯真质朴的状态。反，通“返”。

⑥大顺：顺应自然。

译 文

古时善于行道的人，不是使世人知晓精明机诈，而是使世人浑朴单纯。百姓之所以难管理，就因为智巧过多。所以用心机智谋治理国家，是国家的祸害；不用心机智谋治理国家，是国家的福气。知道这两种差别，就是不变的法则。能永远记住这个法则，就叫“玄德”。玄德多么深奥，多么幽远，与万物一起回归纯真质朴的状态，然后才能达到顺应自然的境界！

评 析

本章论述“愚民政策”。历史上对老子误解，很重要一点是认为老子主张实行愚民政策，盖由此而来。本章分三层。第一层，明确提出："古之善为道者，非以明民，将以愚之。"正反对比，肯定愚民乃善道者所为。第二层，"民之难治……国之福"，正反对比，肯定以愚民政策治国，乃是国家的福祉，以"智民政策"治国则是国家的祸害。第三层，在第二层基础上，纵观两种治国策略，得出结论：胸怀全局，通晓两种模式，这是"玄德"。具有玄德，治理国家将会引导国民归真返璞，顺应自然，则福至而万事顺达。这里的关键是"愚"的含义。在《老子》中，尤其在这里，"愚"不是贬义词，而是褒义词，具体为"淳厚质朴"之义，而这与"道"的特性是完全吻合的，或者说"道"的特性本来就是按照老子所推崇的价值观念加以阐述、描绘的。得道者"大智若愚"，而且甚至"愚不可及"，都是正面形象。所谓"愚民"，是在得道者先行"愚"而不用智，无知无欲，自然无为，而后老百姓跟着"愚而不用智"，实现"小国寡民"的理想境界。

六十六章

江海之所以能为百谷王者①，以其善下之，故能为百谷王。是以圣人欲上民②，必以言下之；欲先民③，必以身后之。是以圣人处上而民不重④，处前而民不害。是以天下乐推而不厌⑤。

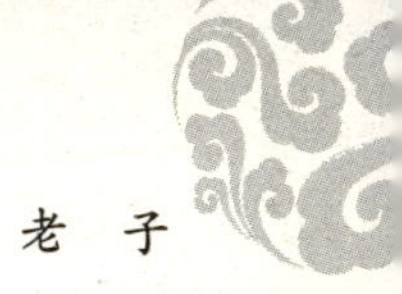

以其不争，故天下莫能与之争。

注 释

①百谷王：大小河流的汇集之处。

②上民：处于百姓之上。

③先民：统率百姓。

④重：感到负担（重）。

⑤推：推崇，拥戴。厌：厌恶。

译 文

江海之所以能够使得百川汇集归注，是因为它善于处在低下的地方，所以能够成为百川之王。因此圣人要统治百姓，必须对百姓言语谦恭；要想领导百姓，必须把自己的利益放在百姓的后面。所以圣人虽然地位居于百姓之上而百姓并不感到沉重，居于百姓之前而百姓并不感到妨害。所以天下的百姓都乐意拥戴而不感到厌恶。因为圣人不与人相争，所以天下也就没有人能和他相争。

评 析

本章阐述“谦和守下”的治国之道、处世之道。分作三层。第一层，以比喻论证，揭示“善下”与成为“百谷王”之间的因果关系，形象地亮出论点。第二层，以“是以”领起下文，指出君主侯王“欲上民”必先下民，“欲先民”必先后民，体现了以反求正的辩证思维方法。接着指出这样做的好处：“圣人处上而民不重，处前而民不害”，本来处于矛盾地位的双方能够和谐相处，共同发展。第三层，简单作结：君主侯王“以其不争，故天下莫能与之争”。采用的仍然是以反求正的辩证思维方法，具体体现了“反者道之动，弱者道之用”——道的基本规律。

六十七章

天下皆谓我：“‘道’大，似不肖[①]。”夫唯大，故似不肖。若肖，久矣其细也夫！我有三宝，持而保之。一曰慈，二曰俭，三曰不敢为天下先。慈，故能勇；俭，故能广；不敢为天下先，故能成器长[②]。今舍慈且勇[③]，舍俭且广，舍后且先，死矣！夫慈，以战则胜，以守则固。天将救之，以慈卫之。

注释

①似不肖：似乎不像具体的事物。肖，相似。

②器长：万物的首领。器，器具，指万物。

③且：取。

译　文

天下人都对我说："'道'太大，好像不像具体的事物。"正因为道广大，所以才不具体像什么。若具体像什么，它早就渺小了。我有三种宝贝，保持并坚守不变。一是慈爱，二是俭朴，三是不敢处于天下人之先。慈爱，因此才能勇敢；俭朴，因此才能宽广；不敢处于天下人的前面，因此才能成为万物的首领。当今之人舍去了慈爱只是追求勇敢，舍去了俭朴只是追求宽广，舍去了谦卑只顾去抢先，这就离死亡不远了！慈爱，用它来征战就能胜利，用它来退守必定稳固。上天要拯救谁，必定会用慈爱来护卫谁。

评　析

本章以"道"的口吻，自报家门，自说自话，谈道的特点，以及其在治国理政、为人处世中的运用。分作两层。第一层，天下说"道大"，好像不像具体的事物。其实正因为不像具体的事物，那才体现出"道大"。如果看上去"道大"，那么道早就十分渺小了。道之大不在于外表之大（道在外形上是超越感知的），而在于有深厚的底蕴内涵。那么道的底蕴内涵如何呢？请见接下去的第二层。第二层首先指出"道"具有三个恒久的优点（三宝），逐一明确其含义、优点。在论证其功效时，运用了对比论证。最后特别强调了"慈"的优点。慈爱是"道"所具有的最为重要、基本的特性，借助于此，"道"方能化生万物，生生不息；而且因慈生勇，足以抵抗一切邪恶。不难体会到，这三宝确实符合道家治国理政、为人处世之道。

关于这三宝，儒道两家有如下分别。《论语》云：“临之以庄则敬，孝慈则忠”，父慈子孝，是达到“使民敬，忠以勤”的途径之一。“慈”主要是父德，不是首要之德。而道家思想中“慈”占有核心地位，列为“三宝”之首。因为道家“辅万物之自然”，慈爱是对待天下万物、百姓的根本态度与心理基础，慈爱表示爱之深切，是单向的不求回报的。道家说“慈，故能勇”，儒家也说“仁者必有勇”，倒是一致的。

关于“俭”，《论语》云：“与其奢也，宁俭”，其中“俭”主要是节俭的意思。老子的“俭”有“不敢放侈，以约自处”的意思，是一种内向的无为，与“不敢为天下先”表现的外向的无为一起，表现的是比较完整的“无为”的治国理政、为人处世之道，含义丰富得多了。

至于“不敢为天下先”，儒家历来主张积极有为，先民导民，“知其不可而为之”，而道家隐身万物之后，无为而治，以求自然和谐，两家区别可谓泾渭分明。儒家有不少人错误地指斥“不敢为天下先”为阴谋，这里就不展开、重复反驳了。

六十八章

善为士者，不武[①]；善战者，不怒；善胜敌者，不与[②]；善

用人者，为之下。是谓不争之德，是谓用人之力，是谓配天，古之极也。

注 释

①武：威武，这里指耀武扬威。

②与：争执。

译 文

善于做将帅的人，不会耀武扬威；善于打仗的人，不会怒气冲冲；善于取胜的人，不必正面与人交锋；善于用人的人，甘居于人之下。这就叫不争的美德，这就是得人用人的能力，这就是符合天道自然的规律，是自古以来的最高准则！

评 析

本章以用兵为例，论述“不争之德”。用兵本来容易深陷逞强好胜之弊，本章乃以用兵者立言，令人瞩目（下章相同）。分作两层。第一层，以一组排比句式描述有为者“不武”“不怒”“不与”“为之下”，体现了以反彰正的辩证法，体现了“无为而无不为”的思想。第二层，由第一层归纳出“是谓不争之德”，揭示“不争之德”的关键是虽然“不争”却能“用人之力”，实现“莫能与之争”，最后明确评价:“不争之德”合乎天道，是古来的极致之道。

本章中对“不争之德”给予高度评价，因为不争可能是自身实力强大，可以不战而屈人之兵。这种情况下，有机会建功立业，却选择不争、无为，需要战胜的是求取名利、逞强好胜的欲望，不争、无为者才是真正的得道者。

六十九章

用兵有言：“吾不敢为主①，而为客；不敢进寸，而退尺。”是谓行无行，攘无臂，扔无敌，执无兵。祸莫大于轻敌，轻敌几丧吾宝②。故抗兵相若③，哀者胜矣。

注释

①为主：主动进攻为主，防守抵御为客。

②宝：即《六十七章》中所说的“三宝”。

③抗兵相若：意为两军相当。

译文

用兵者有言：“我不敢主动地进攻征战，而只是被动地防守自卫；我不敢进犯人家一寸，而宁肯自己退让一尺。”这样就叫作布阵却没有阵势（不发动攻势），挥动手臂却没有使用手臂（不先动

手），面对敌人却没有敌人（不敌视敌人），手握兵器却不使用兵器。祸害没有比轻敌更大的了，轻敌几乎能丧失我的三件宝贝。所以对峙的两军力量相当时，那悲伤哀恸的一方必胜。

评 析

本章仍以用兵为例，阐明柔弱守下、无为而无不为的道理。“不敢为主，而为客”“不敢进寸，而退尺”，看似柔弱无为，实则占尽优势。接下去，列举“行无行，攘无臂，扔无敌，执无兵”，加以铺排，凸显“无为而无不为”的道理。“祸莫大于轻敌，轻敌几丧吾宝”，补充说明，柔弱守下、无为不争绝非轻敌，而是谨慎从事，尊道行道。同样道理，“抗兵相若，哀者胜矣”，哀者之所以可以取胜，因其悲天悯人不愿意用兵打仗，但是正义之士尊道行道。

本章提到主客、进退等对立的概念。《老子》中有一半篇章提到成对的或者对立的概念，总共八十多次。其间有一半，都表示了一种与世俗不同的相反的价值取向：一般世俗的眼光只注重“正”而贬低或排斥“反”，老子却特别能够看到“反”的意义与价值。这是《老子》别具特点的“正言若反”的辩证思想方法。

第十一部分　批判错误的治国之道

本部分包括《七十章》至《七十九章》，《七十章》和《七十一章》是对修道、践道的反思，领起以下各章，批判错误的治国理政的方法、观点，如强权政治、有为过度等。

七十章

吾言甚易知，甚易行。天下莫能知，莫能行。言有宗[①]，事有君[②]。夫唯无知，是以不我知。知我者希，则我者贵[③]。是以圣人被褐而怀玉[④]。

注释

①宗：主旨。

②君：主宰，这里指“道”，根据。

③则：效法。

④被：穿。褐：粗布衣。

译文

我的话很容易明白，很容易实行。天下的人却没有谁能明白，没有谁能实行。言论有主旨，做事有根据。因为天下的人不了解，所以不了解我。了解我的人越是稀少，效法我的越是珍贵。所以圣人外表穿着粗布衣而怀里揣着美玉。

评 析

老子之道，充满智慧，出言不凡，（但是）真正得道行道者甚寡。关键原因在于一般人不能从整体上理解、把握老子的哲学思想系统，抓住“道”这个要害。所以老子深入反思，甚为感慨（下章相同）。本章开头说，能够知“道”、行“道”者甚寡，指出原因在于没有抓住根本——“常道”，不能体悟“常道”，自然就不能真正领会治国理政、为人处世的具体论说。真正能够体道、悟道、践道的，“物以稀为贵”，犹如“圣人被褐而怀玉”。这个“常道”，其最重要的特点就是“无”，得道者、践道者做到无名、无知、无欲、无已——没有过分的贪欲，道家学说自然易于实行了。

七十一章

知不知，尚矣①；不知知，病也②。圣人不病，以其病病。夫唯病病，是以不病。

注 释

①尚：高明。

②病：缺陷。

译文

知道自己无知，是高明的；无知却自以为知道，那是有缺陷了。圣人没有缺陷，因为他把缺陷当成缺陷。正因为他把缺陷当成缺陷，所以他才没有缺陷。

评析

本章承接上一章，继续强调“知道‘道’”的重要意义。开头将“知不知”与“不知知”两相对比，强调“知道”的意义。接下去，以圣人为例，说明“病病”的重要。老子所言在当时有很强的针对性，现在可以说这些话有了更为普遍的意义：提醒我们需要具有自知之明，需要不断反省自律。

《论语》说:“知之为知之，不知为不知，是知也。”“知不知”是一种态度和原则，与道德品质、个人修养密切相关。老子的“知不知”，可能有三层意思。一是赞赏那些承认自己有所不知的坦荡态度，二是欣赏那种了解自己认知局限的理智态度，三是提倡那种了解人类认知局限的清醒的理性精神。老子的态度是出于对整个宇宙、世界的根本性认识。

七十二章

民不畏威[①]，则大威至。无狎其所居[②]，无厌其所生[③]。夫

唯不厌，是以不厌[4]。是以圣人自知不自见[5]，自爱不自贵[6]。故去彼取此。

注释

①畏威：畏惧威权。

②狎：通“狭”，逼迫。

③厌：压榨。下一句“夫唯不厌”中的“厌”与此同义。

④厌：厌恶。

⑤自知：自己知道自我反省。自见（xiàn）：自我炫耀。

⑥自爱：自尊自爱，一说清静寡欲（蒋锡昌注）。自贵：追求显赫尊贵。

译文

当百姓不再敬畏任何威权时，真正的祸害就来到了。不要妨害百姓的安居，不要压榨百姓的生活。正因为不压榨百姓的生活，所以百姓不会厌恶威权。所以圣人知道自我反省却不自我炫耀，珍爱自己却不追求显赫尊贵。所以圣人舍弃“自见”“自贵”而选取“自知”“自爱”。

评析

本章开始到《七十九章》，重点批判各种错误的政治思想行为，批判“不道”。这些“不道”的思想行为，其共同点是贪得无厌、逞强好胜、过度作为、强权政治，使得百姓无以为生。简言之，与道家自然无为、贵柔守雌的价值原则背道而驰，相去甚远。

本章开头警告不道者，“民不畏威，则大威至”，很明显，针对的就是在老百姓头上作威作福的不道者。接着指斥他们：不要逼迫老百姓无处安居，不要断绝老百姓的生活之路。你们只有不让老百姓断绝生路，老百姓才不会厌恶你们！由此可见老子认为不道者遭到老百姓反对完全是自作自受。所以本章最后为不道者树立榜样：圣人之所以深得拥戴，在于他们自知自爱，谦和守下。

“圣人自知不自见，自爱不自贵”，说明老子一方面强调个体的尊严与自主，一方面也强调对个体自我的规范与约束。老子所强调的整体的自然的秩序与和谐，既是对个体的保护，又是对个体的一种限制。

七十三章

勇于敢则杀[①]，勇于不敢则活[②]。此两者，或利或害[③]。天之所恶，孰知其故？（是以圣人犹难之。[④]）天之道，不争而善胜，不言而善应，不召而自来，绁然而善谋[⑤]。天网恢恢[⑥]，疏而不失。

注释

①勇于敢：勇于逞强。杀：灭亡。

②不敢：后退守弱。

③或利或害：勇于柔弱则利，勇于逞强则害。

④此句原在《六十三章》，此处当删。

⑤绰（chǎn）然：安然，坦然。

⑥天网：自然的范围。恢恢：广大，宽广无边。

译文

勇于逞强就会灭亡，有勇气后退守弱就会存活。这两种勇气，一个有利一个有害。上天所厌恶的，谁晓得其中原委呢？上天的道，总是柔弱不争而善于取胜，不言不语而善于应对，不召唤而自然来临，安然坦然而善于谋划。自然的范围广阔无边，稀疏却没有遗漏。

评析

本章批判强梁者专政。分作两层。第一层，两相对比，断定“勇于敢则杀”。所谓“勇于敢”者，其实就是强梁专政者。“此两者，或利或害”，其实说的是“勇于敢”者有害；“天之所恶”的也就是“勇于敢”者。第二层，阐明“天之道”在于实行柔弱守下、宽厚舒缓的治国策略。本章本来有很强的针对性，后来也具有更为普遍的意义。其中关于勇者的阐释，并不是表现为逞强好胜，相反的，却是表现为谦和守下、有所畏惧、不轻易作为等。

七十四章

民不畏死，奈何以死惧之[①]？若使民常畏死，而为奇者[②]，吾得执而杀之[③]，孰敢？常有司杀者杀[④]。夫代司杀者杀，是谓代大匠斵[⑤]。夫代大匠斵者，希有不伤其手矣[⑥]。

注释

①惧：（使之）惧怕。

②为奇：指为邪作恶的人。奇，奇诡，诡异。

③执：拘押。

④司杀者：指专管杀人的人。司，主管。

⑤斵（zhuó）：砍，砍杀。

⑥希：通“稀”，稀少。

译 文

百姓若不怕死，用死来使他们惧怕又有什么用呢？如果先使百姓经常害怕死亡，有为非作歹的人，我再抓来处死，这样谁还敢为非作歹呢？通常已有一位主宰生杀予夺的。如果企图代替主宰生杀大权的人，就好像外行人代替木匠砍削木头。代替木匠砍削木头的人，很少有不伤着自己手的。

评 析

本章是老子对于当时严刑峻法迫使百姓无路可走的情形而发出的沉痛的抗议，表达了否定刑法、反对暴政的思想。其中隐含着“物极必反”的辩证观点。老子说应该有专门机构执行刑杀之事，是难能可贵的法治思想，可见老子主张自然无为，并非主张废除法治。

七十五章

民之饥，以其上食税之多①，是以饥。民之难治，以其上之有为②，是以难治。民之轻死③，以其上求生之厚④，是以轻死。夫唯无以生为者⑤，是贤于贵生⑥。

注 释

①食税：像为自己猎取食物一样收税。

②有为：政令繁苛，强作妄为。

③轻：看轻，不重视。

④求生之厚：奉养过于丰厚奢侈。

⑤无以生为：不要把生活上奉养过于丰厚作为追求的目标。

⑥贤：胜过，强过。贵生：厚养生命。

译 文

百姓吃不饱，是因为统治者吞吃赋税太多，所以吃不饱。百姓不好治理，是因为统治者政令繁苛强作妄为，所以不好治理。百姓看轻死，是因为统治者追求奢侈太过分，以致百姓看轻死。唯有不执着于追求奢侈享乐的人，才胜过那些看重厚养生命的人。

评 析

本章批判统治者骄奢淫逸、贪得无厌，制定苛捐杂税，逼迫老百姓，使其难以为生，核心思想是批判统治者的“贵生”多欲（过分看重一己的生命）。所以文章最后指出“无以生为者，是贤于贵生”。《老子》中君主无为的思想，经过发展，到了汉代以后被总结成“君无为而臣有为”的思想，对“无为”提出了更加理性化、普遍化的解释，可以参见刘笑敢的《老子古今》（中国社会科学出版社 2006 年版）。

七十六章

人之生也柔弱[1]，其死也坚强。草木之生也柔脆，其死也枯槁。故坚强者死之徒，柔弱者生之徒[2]。是以兵强则不胜[3]，木强则兵[4]。强大处下[5]，柔弱处上。

注 释

①柔弱：（人活着的时候身体是）柔软的。与下句的“坚强”（僵硬的）相对。

②徒：类。

③兵：军队。

④兵：（被）砍伐。

⑤下：劣势。与下文的“上”即优势相对。

译 文

人活着的时候身体是柔软的，一旦死了就僵硬了。草木活着的时候枝叶是柔软脆弱的，一旦死了就干枯了。所以坚硬强大的属于死亡一类，柔软脆弱的属于生命一类。所以军队一逞强就不会得胜，树木一强盛就要被砍伐。强大的处于劣势，柔弱的处于优势。

评 析

本章重提此前多次论述过的观点："柔弱胜刚强"，批判"坚强者""兵强""强大"，矛头所指，乃强梁者政治。雌柔绝不是软弱退让，而是高度的自信自强、高度的智慧和博大的人道主义的象征。

七十七章

天之道，其犹张弓与[①]？高者抑之，下者举之；有余者损之，不足者补之。天之道，损有余而补不足；人之道则不然，损不足以奉有余[②]。孰能有余以奉天下？唯有道者。是以圣人为而不恃，功成而不处，其不欲见贤[③]。

注 释

①其：难道，岂不是。犹：如同。张弓：拉开弓弦。

②奉：供奉。

③见（xiàn）贤：表现自己的聪明贤能。

译 文

上天的道，岂不就像拉开弓弦一样吗？高了向下压，低了向上抬；拉过了松一松，不足时再拉一拉。上天的道，是减少有余的而补给不足的；人间的道却不是这样，是减少不足的而供奉有

余的。谁能自己有余而用来奉献给天下那些不足的呢？唯独有道的人。所以圣人做事不仗恃自己的本事，事成了也不视为自己的功劳，不想显露自己的才能贤德。

评 析

本章批判现实政治“损不足以奉有余”。分作三层。第一层，先以比喻形象阐述“天之道，损有余而补不足”。第二层，描述“人之道”却是“损不足以奉有余”，两相对比，说明现实中的人道完全不符合天道，完全没有道理。第三层，指出“有道者”应当符合天道，“有余以奉天下”。希望圣人不仅实行“有余以奉天下”的天道，也得以行使无为而治、谦和守下的天道。

《老子》中“道”出现过七十多次。“道”包括常道、非常道，前者属于形而上层次的，后者属于形而下层次的。形而下层次的道，又包括“天之道”“人之道”。“天之道”，来自对天地自然的观察，具有客观实存的特点，但是又被赋予应然的、规范性的意义，作为“人之道”效法的榜样，比如“功遂身退，天之道也”（《九章》）、“天道无亲，常与善人”（《七十九章》）、“天之道，利而不害”（《八十一章》）等，体现了中国古代天人合一的传统思想。“人之道”一般指现实中的为人处世、治国理政之道，如这里的“人之道，损不足以奉有余”，是实然的，不符合道的（“不道”）；直接点名其为“人之道”的就此一处，不直接点明其为“人之道”的比较多见。“人之道”也有指代应然的治国理政、为人处世之道的，如“人之道，为而不争”（《八十一章》），多数也不点明，有时直接称之为“圣人之道”。

七十八章

天下莫柔弱于水，而攻坚强者莫之能胜，以其无以易之[①]。弱之胜强，柔之胜刚，天下莫不知，莫能行。是以圣人云：“受国之垢[②]，是谓社稷主；受国不祥，是为天下王。”正言若反。

注释

①易：更换，代替。

②垢：屈辱。

译文

天下没有什么比水更柔弱了，可是冲击坚强的东西没有什么能胜过水，因为水柔弱得没有什么能代替它。弱胜过强，柔胜过刚，天下的人没有不知道的，却没有能实行的。所以圣人说：“那为国忍受屈辱的，就是社稷之主；那为国承受苦难的，就是天下之王。”这些正面的话，听起来好像反话一样。

评 析

本章针对强梁者、自私欲望比较强的统治者，强调少私寡欲、柔弱守下的道理。分作三层。第一层，以水为喻，阐述“柔弱胜刚强”的道理。第二层，指出这个道理知之容易实行难，关键在于私欲膨胀、逞强好胜。意有所指，不言而喻。第三层，引用圣人言语，提出君主侯王应该承担国家的屈辱祸患，做到这一点必须少私寡欲，柔弱守下。最后补充说明，本章所说，“正言若反”。

七十九章

和大怨[①]，必有余怨，〔报怨以德[②]，〕安可以为善？是以圣人执左契[③]，而不责于人[④]。有德司契[⑤]，无德司彻[⑥]。天道无亲[⑦]，常与善人。

注 释

①和：调和，排除。

②报怨以德：此句原在《六十三章》，依严灵峰之说移至此。

③契：契约。古时借债，刻在一块板上，劈开，借债人存右

边，债主存左边，此为“执左契”。

④责：索取（所欠）。

⑤有德司契：有德之人执左契，意思是只给予而不索取，所以怨无所生。

⑥无德司彻：没有德行的人像掌管税收的人那样苛取税利，只索取不给予，所以招致怨恨。

⑦无亲：没有偏私偏爱。

译文

调和深重的怨恨，必定还会留有残余的仇怨，〔用德来报答怨恨，〕这岂算得上良善呢？所以圣人掌握着借据的存根，却不索取偿还。有德之人就像持有借据的人那样宽容，无德之人却像税收官一样苛取搜刮。上天之道公正无私，永远亲近良善的人。

评析

本章提醒君主侯王不要积怨于百姓。分作三层。第一层，指出“积大怨，必有余怨，安可以为善”，说明不可积大怨于百姓。第二层，举出圣人“执左契，而不责于人”的例子，表明理想的政治是以德化民，给予而不索取，绝不搅扰百姓。因为用租税榨取百姓，用严刑钳制百姓，都足以积怨于百姓。第三层，指出“天道无亲，常与善人”，意思是不积怨于民，而造福于民，谦和柔弱，必将深得民心。

“天道无亲”，说明“天道”没有感情意志目的偏私，但是

“天道”体现的自然而然的秩序和人文自然价值，意味着人与宇宙万物、人类社会的和谐，最终意义上是帮助善人的，这样在理性上论证、实现了德与福之间的一致。这充分体现了《老子》中的理性精神。

第十二部分　全书结语

本部分包括《八十章》和《八十一章》。《八十章》描绘理想社会愿景，《八十一章》强调指出实现理想社会的关键在于遵循常道：利而不害，为而不争。

八十章

小国寡民。使有什伯之器而不用[①]，使民重死而不远徙[②]。虽有舟舆[③]，无所乘之；虽有甲兵，无所陈之。使民复结绳而用之。甘其食，美其服，安其居，乐其俗。邻国相望，鸡犬之声相闻，民至老死不相往来。

注释

①使：即使。什伯之器：各种各样的器具。什伯，极多、多种多样。

②重死：看重死亡，不轻易冒着生命危险做事。徙：迁移，远走。

③舆：车子。

译文

国家小人口少。即使有各种各样的器具也不使用，使百姓看重生命而不远行迁徙。虽有车船，却没有乘坐的需要；虽有军队，却没有地方去布阵打仗。使百姓回复到用结绳记事的办法。（使百姓）吃得香甜，穿得漂亮，住得安适，风俗快乐。

邻国的人们相互可以看见，鸡鸣狗叫声相互可以听到，但百姓直到老死都不相互往来。

评 析

本章和《八十一章》，可以看作是全书的结语。

本章是老子对于理想社会的生动描绘，表达了对当时社会现实的不满和批判。所谓“小国寡民”，是指称“复归于朴”的国度以及“复归于婴儿”的百姓，他们政治生活、日常生活的观念和状态，堪称自然无为，清心寡欲，和谐安乐。“使有什伯之器……复结绳而用之”，表现的是他们摒弃文明，摒弃技艺工具，摒弃一切机心巧诈。“甘其食，美其服……不相往来”，表现的是他们只希望满足基本的生活水平，没有交流，无须纷争，自给自足，自得其乐。这就是老子理想中归真返璞、道法自然的理想社会。在社会物欲横流、纷争频仍的情况下，老子的理想社会，对现实社会的针砭和批判，将会给人们提供一个反思检讨的契机，对于汲汲于争名夺利的人也是一针清醒剂。

八十一章

信言不美[①]，美言不信。善者不辩，辩者不善。知者不博，博者不知。圣人不积，既以为人[2]，己愈有；既以与人，己愈多。天之道，利而不害；圣人之道，为而不争。

注释

①信言：真实可信的话。

②既：穷尽，尽力。

译文

真实可信的话不华美，华美的话不可信。善良的人不巧辩，巧辩的人不良善。真有知识的人不广博，广博的人不真有知识。圣人不为自己积攒什么，尽力把一切都用来为了世人，自己就愈发拥有了；尽力把一切都奉献给了世人，自己就愈发丰富了。上天的道，对万物有利而不加害；圣人的道，为世人效劳而不与世人相争。

评析

本章是《老子》的最后一章，其中老子通过一些关键的对立统一的范畴，再次强调了他的思想要点，可以看作是全书主旨的扼要总结。分作三层。第一层，通过言与美、善与辩、知与博的关系的辩证，从肯定到否定，告诉人们，什么是美言，什么是善者，什么是知者，提醒人们要信实、讷言、专精。第二层，阐述圣人与他人的关系：圣人越是无己，越是有己。圣

人有广大的爱，慈善的心，必将得到百姓普遍的爱戴。第三层，讲天人合道。这里的“人道”，指的是“圣人之道”，天道与圣人之道都具有“生而不有，为而不恃，长而不宰”（《五十一章》）的玄德，因此这里采用互文手法，说明天道、圣人之道、自然之道，均已合而为一，都是“利而不害”，都是“为而不争”。慈爱万物，泽被万物，无所伤害；化育万物，无所争执，不争名夺利，不逞强好胜。“不争、不害”为道之“无”，“利、有”为道之“有”，这正体现了“道”的“有无相生”。

《八十章》侧重对百姓自然无为生活状况做描绘，《八十一章》侧重对君主侯王做最后的叮嘱，是为全书结语。至此，天道玄理得以实现，《老子》就此画上完美句号。

附　录

漫步林中路[①]——读《老子》漫笔

《老子》的影响

在中国传统文化中，儒家和道家是两大主要学派。儒道互补是中国传统文化的特色，对中国文化思想产生了深远的影响，共同构成了中国传统文化的主干。作为中国传统文化中最重要的经典之一，《老子》（又称《道德经》）在中国几乎是家喻户晓，深刻影响着人们的思想和生活。从这部书问世的春秋战国之交起，一直到现在约两千五百多年的历史中，它有过数以千计的注释者。它也有着不同的面孔，既是人生智慧宝典，又是君人南面之术、用兵治国之道；既是哲学的宝典，又是宗教的圣经。

它是被翻译成外国文字种类最多的中文书籍。《纽约时报》奉老子为古今中外十大作家之首，大不列颠博物馆把老子列为影响世界的十大名人之一。据联合国教科文组织统计，在发行量最多的译成外文的文化名著中，《老子》仅次于《圣经》，排名第二。其内容形式，堪称雅俗共赏，其中的名言警句广为流传；其中玄妙的哲理则受到莱布尼兹、黑格尔、海德格尔等西方哲学家的重视，得到李约瑟、海森伯、汤川秀树、卡普拉等世界著名科学家的高度赞誉。

随着当今全球性生态、能源、道德等问题的凸显，《老子》愈发引起中外学界的关注。为了实现中国梦，加强包括《老子》在内的传统文化经典的研究、普及工作，是必然趋势。

《老子》的主要内容

《老子》为何成为道家的乃至中国的、世界的古代文化经典？这跟它的内容密不可分。它到底说了些什么呢？

《老子》的主要内容，是君主应该以何种方式统治百姓，管理好国家，所谓“君人南面之术”。老子具有周王室史官的身份，其最重要的职责正是利用有关天道和历史的知识，充当天子或者侯王的顾问。《老子》虽然主要谈论“君人南面之术”，但是按照中国的传统，内圣外王密不可分，《老子》同样广泛论及为人处世之道，但是它谈论为人做事，均立足于帝王，独具创见，鞭辟入里，语出惊人。加之在流传、阐释过程中日趋完善，做人做事的道理融为一体，这也许正是很多帝王喜欢它而且其受众日益扩大的主要原因。

人是理性的动物，人有追根穷源探求究竟的特性。《老子》中不仅谈论了具体的“君人南面之术”，而且对于“为什么是这样、为什么要这样做”均做出追根穷源的探究，并且给出了统一的、终极的回答，满足了人们的理性探究的欲望：老子提出了“道”

这个哲学范畴，他谈论治国理政、为人处世之术，均以“道”作为支撑，使得全书的内容呈现出理论深度和系统性，不仅知其“术”，而且明其“道”。

“道术”是古代哲学中一个很重要的字眼，“道”偏重于指一个比较普遍而抽象的原则，“术”则是具体的技术和方法。“道术一体”使得《老子》所说的统治术不只是处理君主和百姓之间的关系，而是把它和宇宙法则即道和天道联系了起来。这使得老子的思考始终不局限于人的范围之内，而是在天人之间寻找一种交集，使其学术呈现一种天人之学的特点。由于它所具有的理论高度，独特、统一的眼光，睿智的思维方式、表达方式，理实交融，虚实结合，所以成为人生智慧、人生哲学的宝典，成为最具有哲学意味的文化名著。

《老子》哲学之建立

《老子》以“道”为核心，建立了系统深刻全面的关于治国理政、为人处世的哲学理论体系。这个理论体系到底是如何建立起来的呢？

老子身为史官，密切关注历史与现实。他谈论治国理政、为人处世之道，很重视联系实际。他深刻认识到，当时之所以战火连绵、民不聊生，关键问题在于统治者的贪得无厌、争强好胜、过度作为。治国理政的关键在于君主侯王学会为人处世，学会为人处世的关键在于节制自己过分的贪欲，自然无为，贵柔守雌。

当时，儒家主张治国理政必须依靠仁义礼智，以礼乐治国；法家主张治国理政必须依靠刑名法术之学，以严刑峻法治国；老子则认为这些都属于过度作为、逞强好胜，不符合自然无为之道，结果必将适得其反。针对时弊，老子主张把自然无为、贵柔守雌当成是治国理政、为人处世的根本原则。

老子是如何确立这一原则的呢？依靠当时已经存在的“天人合道”观念。古代史官往往担负观察天象、研究天道的责任。老子在长久的思考中，由天地运行的现象，归纳出“天道”——自然之道，认为这个“道”的特点，就是“自然无为、贵柔守雌”。而治国理政、为人处世之道即所谓现实的“人道”，必须符合“天道”，这就是所谓“天人合道”。现实中的“人之道”往往与天道相悖（称为“不道”）。“天之道”之所以被认为具有这些特点（自然无为，贵柔守雌），其实是老子在对自然现象、自然规律的观察思考的基础上，在对以往治国理政、为人处世经验的理论概括的基础之上抽象、概括、类比、联想出来的，具有现实的、必然的成分，又同时带有理想的、应然的成分。在“天之道”“人之道”的基础上，老子又进一步抽象、概括出“道”这个哲学范畴。这个“道”的特点就是“无”。为什么这么说呢？

老子说，“有物混成，先天地生”（《二十五章》）、“象帝之先”（《四章》），这个混成之物就是“道”。经过一定的演化，天地万物从中产生，因此“道”是天地万物产生的总根源。“道体”是冲虚的，无形无色，超越感知，混沌一片，因此可以称其特点为“无”，但是它生化万物，蕴含于万物之中，威力无穷，因此可以称其特点为“有”：因此“道”具有“有无相生，以无为本”的特点——用现代哲学的观点看，这就是老子的宇宙发生论。“道”又是“生而不有，为而不恃，长而不宰”（《五十一章》）的，生化万物非全由意志所为，而是自然而然，具有自然无为、清静柔弱的特点。老子有感于世间人大多偏向于看重“有”，有感于君主侯王的贪得无厌、逞强好胜，将“道”的特点，设定为“无”。用现代哲学的眼光看，“道”所具有的“有无相生”（《二章》）、“天下万物生于有，有生于无”（《四十章》）等论述，就是关于“道”的本体论。

很明显，老子之所以凸显“道”的“无”的特点，正是因为君主侯王的贪得无厌、逞强好胜、过度作为，因为世间人大多偏向于看重“有”。老子强调“道”（天道）的特点是“无”，就是希望人效法“道”（天道），自然无为，贵柔守雌。天地产生的本源就是“无”，天地之道的特性就是“无”——自然无为，贵柔守雌，君主、侯王、臣民、百姓，不也应该如此吗？

老子说“道”是产生天地万物的根源，这有一种朴素自然哲学的意识，但是自然哲学意义的求真并不是老子论道的主要旨趣。老子说“道体本无”，义旨在表明自然本体非文化语言所能把握，启示人反省生存方式，包括思维和言述的方式。人的习惯，总是以“有”的眼光来看事物，他看到的总是具体有形的东西。所以人不可能看见，不可能理解道、谈论道，道对于人来说是一种不可思议的存在。“道体本无”，强调自然本体以一种与现实世界异质的方式存在。这种异质的方式实质上是理想化的方式（颜世安：《论老子的道体本无思想》，《江苏社会科学》1997年第2期）。

老子既然把“无”设置为“道”本身的特点，“无”自然也就成了天下万物所具有的特点。“道”的这种特性为天下万物所得，就成为“玄德”——最高的德行。因此“道”的特性“无”就具体化为自然无为、清静柔弱等特点，应该成为人们生活的价值标准。统治者按照“道”所具有的“玄德”去治国理政、为人处世，就可以赢得成功，“无为而无不为”——用现代哲学的观点看，这体现了老子哲学中价值论与本体论的统一。

西方哲学中，休谟特别强调必然与应然之间的区别，但是在中国古代哲学传统里，在老子那里，这两者的统一是自然而然的。这样，“道”的主要特征“无”，就成了《老子》论述治国理政、为人处世的哲学理论体系的核心概念。

由于其具有中国传统文化的诗性思维，这些范畴具有模糊性、多义性，与其他几个核心范畴一起，在一代又一代的阐释、解读中被赋予越来越深刻、丰富的内涵：“无”产生了“有”，产生了天地万物（宇宙发生论）；“无”是指道体的超越感官、无形无相、无法感知，天地万物自当以此为特征；“无”是指天道的自然无为，无知无欲而又无所不能（本体论）；“无”是指顺应天道、顺应自然、自然而然、不强加以人为、不胡作非为，因而无所不能为（价值论）；“无”是一种超越有限、追求无限的人生境界。

总之，“道”是宇宙发生论、本体论、价值论、政治论、人生境界论的统一。“道”就是“无”，就是“自然”，就是无知、无欲、无已、无为，就是自然无为，贵柔守雌，这样就能使得天地万物和谐发展，君主侯王内圣外王均可实现。很明显，老子的出发点是想使得君主侯王的治国理政有所作为，针砭他们的弊端，反其道而行之，提出以自然无为为特色的价值论和人生境界论，为了论证这套价值论和人生境界论，老子进而设定了以“无”为本的宇宙发生论、本体论，建立了系统的哲学理论，指望君主侯王能够信奉他的理论，修身养性，为道日损，达到“致虚极，守静笃”（《十六章》）的境界，从而改变贪得无厌、逞强好胜的弊病，天下太平，和谐发展：这就是老子的有所作为的美好愿望（绝非消极无为、阴谋诡计）。

老子哲学形而上学具有本体论与宇宙发生论的双重品格。本体论是借理性化、形式化的思考与反省架构而成的。依此而给出的本体概念“道”以“无”为规定性，在知识的意义上纯为一逻辑预设，后人则借老子的“无”的本体论，开出了无执无滞、空灵洁净的境界论。

老子之道对人生实践的指导，绝不只是几条现成的法则。直到现在，不少学者的看法，似乎还是把传授“反”“弱”“守柔”“谦下”一类经验技巧性的法则，看作是老子道论的最终目标。因此尤其需要认真指出：老子之道，核心是道体本无，而不是道表现在现象中的法则。道体本无，最终目标在指出自然本体以一种与现实世界异质的方式存在。这种异质的方式实质上是理想化的方式。因为道本体有无限的生殖力、创造力，它不可能限定在任何具体的形态中。人的习惯，总是以“有”的眼光来看事物，看到的总是具体有形的东西。所以人不可能看见道，不可能理解道、谈论道，道对于人来说是一种不可思议的存在。这个不可思议之道，当然不是为了故弄玄虚，而是为了把人从习惯性的迷途中拯救出来，进入高尚寥廓的精神境界之中。

“道”和“术”都重要，但是毕竟“道”是更为根本的。老子哲学同时也蕴含有前理性的、宗教信仰性的因素。后人便借老子哲学的宇宙发生论，成就了具有实存论意义的神仙论。这使得《老子》既具有哲学的理性，又具有信仰的神秘性的双重品格，这两者往往是混合在一起的（冯达文：《寻找心灵的故乡——儒释道三家学术旨趣论释》，中华书局2015年版）。

《老子》哲学的几个核心范畴

上面已经简要说明，《老子》中“道”的特点，简言之就是“无”，就是自然无为，下面对其他几个核心的哲学范畴做进一步阐述，以便我们进一步深入了解其哲学体系。

《老子》的最重要的哲学范畴自然是“道”。老子创造出这个“道”，作为天下万物发生的总的根源，作为天下万物存在、发展的总的根据，无非是为了提升“道”的威信，用这个理性的“上帝”代替天帝神仙的位置，让君主侯王相信“道”，遵守“道”，治国理政、为人处世都按照这个“道”。

按照现代哲学观点，老子的“道论”既是发生论、本体论，又是价值论、方法论（详见下文关于思想方法的阐述），在《老子》中有机融合在一起了，这体现了中国文化传统的实践理性精神。“道”是冲虚，是“无”，是有与无的统一，是“朴”，是“一”，是“反”，是自然无为，借助于这一系列核心范畴，《老子》建立起统一的哲学体系。

《老子》中的“道”，具体而言就是有与无的辩证统一。老子列举房屋、车子等为例，生动说明“有无相生”的道理。全书中主要讲了“君人南面之术”与“道”的关系。“术”本来的意思是“小道”，因此，道与“君人南面之术”乃体用、本末、无有之关系。道为体，术为用；道为本，术为末；道为无，术为有。

历来君主、侯王乃至黎民百姓，过分看重“有”而忽略“无”，过分追求“有”而不知道“无”的重要，因此老子讲“有无相生”，而且特别强调“无”乃“有”之本。《老子》中有例证如下：俭与广（《六十七章》《五十九章》）、贱与贵（《三十九章》）、雌与雄（《二十八章》《二十六章》《四十五章》《六十一章》）、辱与宠（《十三章》《二十八章》《七十八章》）、不足与有余（《十五章》《二十二章》《九章》《四十一章》《八十一章》）、隐约与彰明（《二十章》《二十八章》《四十一章》）、无功与有功（《二章》《七十七章》《五十一章》《三十章》《三十三章》)、不争与自矜(《三十二章》《六十一章》《六十二章》《六十三章》《六十八章》)。前者与后者，就是“无”和“有”的关系。执着于追逐后者，未必能够追得到；守住前者，反而可以得到后者。这些治国理政、为人处世之道可以概括为“无为而无不为”“柔弱胜刚强”，可以抽象概括为“反者道之动，弱者道之用”“有与无”的道理，从形而下的非常道，上升为形而上的“常道”(王博：《老子思想的史官特色》，文津出版社1993年版)。

在中国文化中，“无”占有重要的地位。在《老子》中，“无”作为“道”的特征，如前所说，不仅具有发生论、本体论、价值论的意味，而且标示一种极其高远的境界。所谓“无”，就是说世界的价值与意义是无差别、无分别的。对于这个无差别与无分别的世界，儒家、道家与中国佛教分别有不同的指称。

老子将“无”作为道德之最高境界，提倡“为道日损”，回复到一无差别的婴儿状态，他称之为“朴”，认为“道常无名，朴”。而庄子更将生活在无差别的世界奉为人生最值得追求的理想，主张“生而不说(悦)，死而不祸”“物无贵贱”(《庄子·秋水》)，提倡“天地与我并生，而万物与我为一”(《庄子·齐物论》)。而佛教的最高境界——“涅槃”，更是一个消除了任何差别的极乐世界。

完整地说，“道”是有与无的统一，“有无相生”，但是毕竟有生于无，“无”就是无己(超越主体)、无知(超越感知)、无欲

（超越物质欲望）、无为（顺其自然、超越人为），因而无所不能为：“无”的境界是一种极其高远的自由境界，得道的境界。

与“自然无为”同样作为《老子》中的价值理论的重要命题的是“贵柔守雌”。“道本体”就是柔弱、虚静的，于是被形象化地比喻为“谷”“谷神”“玄牝”（《六章》）。“道”如山谷一样。山谷是空虚的，唯其如此，才能永远存在并具有神妙莫测的功能。“牝”是雌性牲畜的生殖器，泛指雌性。玄牝，也就是“道”。“谷”“牝”的门户，是天地的发生、发源之地，其作用无穷无尽。

“道”像深渊一样，好像是万物的宗主，但又不是万物的宗主。它不露锋芒，超脱彼此分别、利害计较的纷扰，含蓄其光耀，混同于俗尘。它模糊混沌，似亡而实存（《四章》）。天地不正像风箱一样吗？它是空虚的，而它蕴藏的风却无穷无尽，越作用，风量越大（《五章》）。

如上所述，既然道体具有虚静、柔弱的特点，那么“反者道之动，弱者道之用”（《四十章》）。虚静柔弱自然成为为人处世所必须遵循的价值原则。自然、社会、人生，各种事物现象，无不向相反的方向运行。同样如此，柔弱往往会走向雄强，生命渐渐会走向死亡，如《二章》《三十九章》《二十二章》。

《老子》书中特别注意物极必反的现象，如《三十章》《四十二章》《四十四章》《五十八章》。

老子认识到事物发展的极限，主张提前预测设计，避免事物向相反的方向发展，防患于未然，因而提出了“不争”“贵柔”

“守雌”“安于卑下”的价值原则，如《七十六章》。

他主张向水学习，如《八章》《二十八章》《七十八章》。柔弱之水可以冲决坚强之石，弱可以胜强，柔可以克刚，新生的、弱小的事物能够战胜腐朽的强大的事物。

老子看到强大就接近死亡，刚强会带来挫折，荣誉会招致毁辱，因此安于柔弱、居下、卑辱，提出“去甚、去奢、去泰”（《二十九章》）的主张。老子提出贵柔守雌的原则，使自身在万物轮转之必然中立于不败不衰之地。

由此可见，《老子》中贯穿始终的“自然无为、贵柔守雌”的价值原则，均以道体的特征作为本体论依据，具有不为常人所喜欢的负面的特征，均符合“反者道之动”这一基本运行规律：“无为而无不为”，柔弱胜刚强。

需要再次强调的是，正如上面已经论述的，老子提倡“贵柔守雌”，与他提倡“自然无为”一样，为其在《老子》中主张的治国理政之方、为人处世之道，提供了价值论基础，但是其最终目标则在于倡导一种追求超越、追求和谐发展的高尚寥廓的精神境界。

《老子》中还讲到，“道”“常道”具有“朴”“一”“反”等特点。所谓“朴”，指的是“道”混沌一片，无法分割区别，因此可见，“道”之为“无”、为“朴”、为“混沌”、为“一”，都是一个意思：“道”作为万物起初状态，是处于一种无法感知、混沌一体，以及无法区分、认识、评价的和谐整一状态的，是不可道、不可名的，等到形而上的道——“常道”，朴散而为器，下落到“非常道”，万事万物才有了分割区别，于是才可以名言、可以谈论。又因为常道就是永恒不断地循环运动，因为“反者道之动”，无论形而下世界如何异彩纷呈，变幻莫测，最终还会归真返璞，回到“常道”所具有的那种无法感知、无法区分、无法名言的“无”的状态。它们之间的依存、发展、转化，这些都是相对的，因此不必过于看重，过于执着（这在《老子》有所阐述，在《庄子》中得以发扬光大）。事物之必然趋势是“归真返璞”，天人合道。治国理政、为人处世的关键在于修养自身，得道践道，自然无为，贵柔守雌，由此可见“道”就是老子内圣外王之学中蕴含的价值论、本体论依据。

至于认为道是“一”，强调的是“道”作为天下万物的总根源、总依据，是最先存在的，是第一的，唯一的。“道”渗透于万物之中，将万物“统一”为整一的系统。可见设置“道”的这些特点（“有无相生”“以无为本”“朴”“一”等），都是为了给治国理政、为人处世的理论体系提供本体论、方法论、价值论等哲学基础，倡导一种高远、超越的人生境界。

《老子》中还有一个重要范畴是“反”。“反者道之动”。“道”之所以称之为“常道”，因为其处于永恒的循环运动之中（“常，恒也；恒，有永恒、回环之义”），“常道”运动的规律就是“反”。“反”有两个意思：一是相反，二是返回原点、起始处。

我们知道，老子重要的思想方法就是“正言若反”的辩证思维，“道”的运动具有“反”的特点，为“正言若反”的思维方法提供了本体论依据。《老子》中有一半篇章提到成对的或者对立的概念，总共八十多次。其间有一半，都表示了一种与世俗不同的相反的价值取向：一般世俗的眼光只注重“正”而贬低或排斥“反”，老子却特别能够看到“反”的意义与价值。这是《老子》别具特点的“正言若反”的辩证思想方法。

《老子》中最为重要最具影响的理念“无为而无不为”“柔弱胜刚强”，都直接体现了这一思维方法。老子的辩证法虽然有对于自然现象的观察与概括，有对世界普遍规律的关怀，但是中心或意向却在于倡导、确立一种与世俗或常规不同的价值观念与思维方法。老子的深刻性、创造性与此有关，遭到很多误解、批评，也与此有关。（刘笑敢：《老子古今》，中国社会科学出版社 2006 年版）

《老子》中的“自然无为”及其意义之发展

《老子》中仅次于“道”的重要范畴，就是自然与无为。“自然”是老子和道家思想的核心概念，对这个概念的理解，自古及今不仅歧义甚多，而且还存在着大量的误解。

刘笑敢提出了“人文自然”的概念，认为“老子之‘自然’本质上或其核心意义是‘人文自然’”，而“不是天地自然，不是物理自然，不是生物自然，不是野蛮状态，不是原始阶段，不是反文化、反文明的概念”，它“是一种最高的价值”，“表达了老子对人类以及人与自然宇宙的关系的终极状态的关切”，“表达了老子对群体关系的关切，即对现实生活中人类各种群体之相互关系及生存状态的希望和期待”，“表达了老子对人类的各种生存个体存在、发展状态的关切”。(《老子古今》) 从这三个层面诠释了老子之“自然”的古典意涵和人文的意义。

“自然”基本意思是“自己如此”，强调的是事物的内在动力和发展原因。“自然”还包含“本来如此”“通常如此”和“势当如此”等意含，强调的都是事物存在与延续的状态，是事物存在与发展的平稳性问题。概括说，“自然”强调的是动力的内在性与发展的平稳性，更概括的说法是强调总体状态的和谐性。

刘笑敢立足于准确揭示老子之“人文自然”的基本意义，由面向历史的、古代的转为面向现代的、未来的，而对“人文自然”的现代意义进行的思考和挖掘，特别是著者提出的实现人文自然的两个原则——“自然的秩序高于强制的秩序”和“人文自然的原则高于正义、正确、神圣等原则”，更是引人深思的洞见。

“人文自然”是老子贡献给人类的不可多得的思想资源，实现“人文自然”对于人类社会的和谐、文明与进步具有十分重要的积极意义。接受“人文自然”这一概念，可以使我们尽可能地贴近老子“自然”概念的原意，避免由来已久的误解和可能出现的新误解，可以为我们在回归历史和面对现实之间提供一个很好的转接，开显出古老的道家思想在现实社会中所能贡献的独特作用和积极意义。

“自然”在先秦典籍中，是自然而然、自己如此的意思，没有大自然、自然界的意思。古代指称大自然往往用天下、万物等词语。但是大自然、天地似乎无所好恶，无私无欲，生化万物，泽被万物，倒好像确实具有“自然”的美德。所以老子所谓的“天地之道”也确实具有“自然之道”（自己如此、自然而然）的意涵。作为天地万物存在的总根源、总依据的“道”，具有“自然”的美德，也就是具有自然之道、天地之道。君主侯王治国理政、为人处世，要想有所成就，必须自然、无为，必须以“人道”符合“天道”，遵照天地之道，亦即遵照自然之道。

王中江认为，“自然即宇宙的法则，而人必须遵守这一法则，充分体现自然的宗旨”，“存在与事物都有其自身所固有本性或德，按照其固有本性和德去发展自身、肯定自身，不悖逆其本性和德，就是自然”（《道家学说的观念史研究》，中华书局 2015 年版）。遵照天道、遵照自然之道，就是要遵照事物自身特性、自身规律，清静柔弱（《老子》中多处论述“天道”具有这些特征），不要过分作为，不要贪心不足，要遵照事物发展规律，顺应事物的自身特性、规律，激发事物自我发展的内在动因。

上述两位的观点是不相矛盾的，也都是具有积极意义的。（详见刘笑敢：《老子古今》，中国社会科学出版社 2006 年版；吾淳：《中国哲学起源的知识线索》，上海人民出版社 2014 年版）

罗安宪在《论老子哲学中的“自然”》（《学术月刊》2016 年第 10 期）中指出，“自然”的本义是“自己而然”、无有外力强迫，亦即自生、自化、自成，自本自根；“自然”是一共有概念，是人与物相

共的，“无为”是人类所独有的概念，是抵达“自然”、恢复“自然”之简便途径；在老子哲学中，“自然”是从属于“道”的，“无为”是从属于“自然”的，“道”是第一层次的，“自然”是第二层次的，“无为”是第三层次的，老子要人通过“无为”而达到“自然”，通过“自然”而接近道；由“自然”以明道，因“自然”以循道，明“自然”以守道，这就是老子的思想逻辑；老子通过道与“自然”、“自然”与“无为”，以及“自然”之反面，对“自然”做了全面深入的评析。这番论述揭示了老子哲学中几个重要范畴的内在联系，显示了老子哲学思想的内在逻辑。

澳门大学教授岑庆祺认为，老子认为天下万物都是自己动作、变化，并自己按正途发展的。“万物并作”（《十六章》），“万物将自化”（《三十七章》），“天下将自正”（《三十七章》），而万物的并作、自化、自正等发展是有规律的。这些规律，叫作“道”。

老子认为，人类最重要的是要认识客观自然界、天地万物，从中掌握其规律，并效法它们。“人法地，地法天，天法道”（《二十五章》）。先认识、效法地上周围环境、事物，通过此而认识、效法天上环境和事物，并通过这些去掌握、效法其规律“道”。“万物并作，吾以观复”（《十六章》），就是要人观察万物，去掌握其规律（“复”是事物向对立面过渡的规律）。

老子又认为，不但天下万物自身会“并作”“自化”“自正”，同时，万民自身也能“自化”“自正”“自富”“自朴”，有力量推动社会的不断发展。因此圣人也必须顺其自然地去运作，要“无为”以治天下。“我无为，而民自化；我好静，而民自正；我无事，而民自富；我无欲，而民自朴。”（《五十七章》）圣人的“无为而无不为”，是建立在相信人民群众的力量，依靠人民群众的力量，以推动社会发展的基础上。

由此可见，老子的自然之道，体现了科学精神与人文精神的结合，强调的是对事物客观规律的重视与人的内在动因的重视，这两者辩证统一（参见下文《中观哲学视域下的〈老子〉》）。

“无为”也是《老子》中的重要概念。“无”的含义，根据庞朴的研究，“无”有三个义项：有而后亡，实有似无，绝对的无。“无为”的“无”应该是第二个意含，而“无为”就是“实有似无”的行为：“有”说明无为的实行者不是真的毫无行动，“似无”则说明无为之为的特点自然而然、虚静恬淡，为之于不为之中。张岱年说：“无为的思想，是包含着一种矛盾的。人的有思虑、有知识、有情欲、有作为，实都是自然而然。有为本是人类生活之自然趋势。——这样的有为，其实就是无为。无为不是什么事情不做，而是不做违反规律的事或不可能的事。简言之，无为就是顺其自然而不加人为，所谓人为，就是不必要的作为或强作妄为。”（张岱年：《中国哲学大纲》，中国社会科学出版社1982年版）

《老子》中有三十多章出现过“无为”以及与其类似的以否定形式表达的行为态度。“无为”不是一个孤立的语言形式，而是一个“概念簇”，用来作为表示否定个人习惯行为、常见社会现象的否定式用语的总代表。但是它绝对不是反对一切行为，它的中心指向是对社会治理者直接控制和干涉行为的否定，是对社会统治者，乃至世俗社会所奉行的贪婪多欲、逞强好胜价值观念的否定，它表现出一种具有批判精神和反向思维特色的辩证思维方法。

但是它绝对不是单纯批判、否定，在批判、否定中它同时提倡一种“为”的方式——“无为之为”，这样的“无为”实际上是有为，看上去似乎没有。之所以如此，是因为这种“无为”让被治理者甚觉自然，感觉不到治理者之存在，为被治理者提供可能激发起自为自化自由发展的空间，实现了整体的自然和谐发展。这样的“无为”的结果就是实现“无为而无不为”“无为故无败”——自然无为。

总而言之，“无为”追求的是顺应自然之规律而为，是力求调动对象内在动力而为，是不随心所欲妄作妄为，是以虚静心态为而不争，是为大于小，将事物发展中的矛盾消除于萌芽状态的积极作为——这是一种力求科学人文相互融合的积极、内敛的“无为”，其效果是“辅万物之自然”，实现自然和谐的发展。可见“自然”是老子的价值理想，“无为”是实现“自然”这一价值理想的方法途径。“自然无为”是老子一整套治国理政、为人处世的理想蓝图和行动纲领，是其价值论基础。

作为行动纲领，所谓“无为”，一方面是对外在行为的要求与限制——不争不先；一方面是对内在行为的要求与约束——无身无欲。这两个方面的内容，遍及《老子》全书。在中国传统文化中，孔子及其所代表的儒家学派，历来以维护传统、强化原有社会机制来补救现实，而老子及其所代表的道家学派，历来以批判传统、否定原有发展方向来补救现实。由“无为”抽象概括出的“无”，成为《老子》哲学的核心范畴，成为其批判精神的形象概括，这种对立统一，在人类文明发展中永远不可消除。

“自然无为”是《老子》贯穿始终的价值原则。这和中国传统文化中“以和为贵”的核心价值观密切相关。中国自古就有“以和为贵、和而不同、和实生物”的思想。“以和为贵”就是说国家之间、民族之间、人与人之间要以团结互爱、友好相处为最高境界；“和而不同”就是说一个国家、一个民族既能容纳不同的文明存在，又能保留自己的优秀文明传统；“和实生物”就是说只有不同文明之间相互吸收借鉴，才能文物化新，推进文明的进步。“和”是中国文化传统的基本精神，也是中华民族不懈追求的理想境界。

在以上阐述中我们可以看到，自然、无为如何获得以“有无相生”“有生于无”“浑朴”“反”“一”“反者道之动，弱者道之用”等为特征的“道”的本体论及其相关哲学范畴、命题的论证，并且贯穿于其治国理政、为人处世的具体论述之中的。总之，《老子》强调“自然无为”“有无相生”“浑朴”“反”“一”，归根结底是追求“中”“和”，追求万事万物的和谐统一、和谐发展。

《老子》的修养论

《老子》中建立了以“道”为核心范畴的治国理政、为人处世

的政治哲学、人生哲学的理论系统。这一理论系统如何得以落实呢？牟宗三先生说老子的学说必须经过主观修养达成主观境界，才得以实现。在“道论”与内圣外王的理论之间，必须经由一个中间环节，才能够得以实现。这个环节，就是道家的修养理论与实践。道家的道德修养理论主张要用否定的方法，闭目塞听，“涤除玄鉴”，减少感官刺激，抵制感官刺激的诱惑，逐渐克制、消弭内心的感受、思虑和欲望。最后到达“玄同”的境界。“玄同境界”就是与道合一的境界。达到这种境界，确实需要“为道日损。损之又损，以至于无为”，就是到达“无”（无知、无已、无欲、无为）的境界。修道达这种境界，依靠“为学日益”是不行的，因为光是获得很多知识不能解决人生境界问题，必须“为道日损”，不仅把书读薄，而且经由情感意志，转识成智，化为切实的行为实践，功夫才算到家。其实修道者只要真正做到“无知、无已、无欲、无为”，“放下屠刀”就可以“立地成佛”，确实也是简便易行的。

《老子》中论述“道”，认为它是天下万物的总根源，总依据，认为它具有自然无为、贵柔守雌的特点，是《老子》中所论述的治国理政、为人处世理论的价值论基础，所有这些理论，其间的论述，往往是借助于类比、比喻等形象思维、直觉思维的方法，并不具备科学思维、理性思维的必然性，但是只要《老子》所提倡的修养论能够得以被信服、被落实，君主侯王能够自然无为、贵柔守雌，简言之，得道践道做到以无为本（无知、无欲、无已、无为），那就达到“天人合一、与道同体”的境界，就可以实现内圣外王、天下大治，实现《老子》提倡的最高目标。这种修养观及其思维方式，对禅宗、理学乃至后世的道德修养理论均有深远影响。

中国传统哲学都强调实践的重要。无论儒家、道家与佛教，都主张“知行合一”。这也是“有”的世界与“无”的世界的合一、极高明与道中庸的合一。中国传统哲学关于如何通过修行来达到这种两个世界的合一，提出过各种各样的理论，如宋明理学一方面区别天地之性与气质之性，另一方面提倡“存天理，去人欲”，并且主张“居敬立已”与“格物穷理”。至于道家，则主张“吾丧我”（《庄子·齐物论》），以及“致虚极，守静笃”（《老子·十六章》），并有“有之以为利，无之以为用”（《老子·十一章》）之说。而佛教则提倡“明心见性”“转识成智”，有“八正道”“渐修”“顿悟”等修行方法。无论这些说法如何，其目的都在于通过践行而达到无与有的统一，这从根本上说，都受到老子为首的道家修养论的影响。

《老子》的思维方法

就我们当代青年而言，阅读《老子》，学习其中的思维方式，尤为重要。王博认为，老子哲学与史官文化有着密切联系。从思维方式这一角度来看，史官由于其职掌的关系，在工作中渐渐形成了一些稳定的思维特征，比较明显的有：1. 推天道以明人事；2. 辩证思维；3. 形象思维、直觉思维方式。这些思维特征在老子哲学中都有体现。

老子深受楚文化影响，他的哲学思想体系蕴涵着一种道性思维方式，包括“天人合道”整体思维、“直觉体道”诗性思维、“反者道之动”辩证思维、“正言若反”逆向思维等。这些思维方式是老子道论哲学独有的。至于我们现在广泛使用的归纳与演绎、从抽象到具体、从具体到抽象等逻辑思维的各种方式，《老子》中更是运用得娴熟自如、出神入化。

胡伟希先生在《中西哲学比较到中观哲学》（《文史哲》2008年第1期）中提出，中国哲学属于中观思维，其特征有五：1. 分别“两边”；2. 执两用中；3. 否定辩证法；4. 讲究经权；5. 强调“时中”。说中国哲学是中观思维，这来源于对于中国哲学基本问题的重新认识。

在中国哲学中，“中”是一个使用频率极高的字，其内容含义不仅丰富，而且极其重要。中国古典哲学中有许多重要的范畴、概念，假如仔细分析一下，它们都与“中”有密切联系。比如说“道”，这是中国哲学，包括儒、道、佛都共同使用的概念，也可以说它是中国哲学中最核心与上位的范畴。但无论儒家、道家还是中国佛教中的“道”，都首先是一个“中道”的观念。所谓中道，是说道是超越性与日常性的统一、出世与入世的统一等。“天人合一”也是中国哲学的基本观念。它谈论的是天道与人道如何相合的问题，而“天人合一”之所以成立，从思维方式看，就是一种“中”的思维模式。至于儒家强调的“内圣外王”之道，也只能着眼于“中”的思维方式才能得以理解。总而言之，“中”应当是较之“道”来说更能代表中国哲学基本精神的根本观念，以现在的观点看，“中”“中道”的观念，属于辩证法的范畴。

老子的辩证法思想尤其颇具特色和个性。刘笑敢将其概括为相互联系的四组命题：第一组，正反相依或者正反相生，这是对外在世界的纯客观观察描绘，比如“有无相生，难易相成”(《二章》)；第二组，正反互转，比如“祸兮，福之所倚；福兮，祸之所伏”(《五十八章》)，这里开始具有价值取向；第三组，正反互彰或以反彰正，比如“大成若缺”“大巧若拙”(《四十五章》)，这里的价值判断倾向明显，对人的行为方式提出比较明确的要求；第四组，以反求正，比如“将欲歙之，必固张之；将欲弱之，必固强之”(《三十六章》)，基本上是方法性的命题，告诉人们基本的行事原则。老子为这些经验事实基础上的理性总结，提供了形而上学的理论根据，这就是“反者道之动，弱者道之用”(《老子古今》，中国社会科学出版社 2006 年版；《老子》，台湾东大图书公司 1997 年版)。

《老子》堪称综合运用各种思维方法的典范，堪称综合运用了科学思维、人文思维方法的典范，堪称是中观思维的集中体现。胡伟希认为中观思维作为一种思维方式，它不只属于中国，而是人类思维的共法，在不同民族与文化传统中，都有中观思维的表

现。但唯有在像中国这样的东方民族中，中观思维发展为较为成熟的形态，并且构成哲学思考的根本方式。只有从中观思维出发，中国哲学的其他基本特征，如“天人合一”“内圣外王”之道，才能得以更好地理解其内涵以及其所以然。此外，中观思维也是中国哲学与其他西方文化传统得以区别的根本特性之一。

《老子》思想之概括评价

《老子》的内容可以这样概括：以自然和谐为核心价值，以“无为”为实现中心价值的原则性方法，以道与德为自然无为提供形而上的论证，以奇正相依、正反互转的辩证法为自然无为提供经验性的支持，从而将形而上学、辩证法与自然无为构成为一个有机的整体。《老子》中，“道”是万物生长化育的统一的总根源，总根据，它具有“无”的特点，简言之可以解释为自然无为、虚静柔弱；它处于永恒的循环运动之中。得道者体悟了“道”的真谛，践行“无”（无名、无知、无欲、无为、无己等），就具有了“玄德”，当能深谙“反者道之动，弱者道之用”，而以返始守柔为处世之方，以返璞归真、“涤除玄鉴”、天人合道为修养之最高境界，这样就可以“柔弱胜刚强”“无为而无不为”，实现“内圣外王”，实现自然发展、和谐发展，螺旋式上升，回归于浑朴和谐的“天人合一”的境界（刘笑敢：《老子》，台湾东大图书公司 1997 年版）。

美国易学会理事长应鼎城在《道的哲学与人的问题》一文中

总结说:“‘道的哲学’重心在‘无’,‘人的问题’在‘有为’、‘有私’、‘有欲’、‘有争’。‘道的哲学’的道,道乃天,与‘人的问题’的人结合,将‘有为’变为‘无为’,‘有私’变为‘无私’,‘有欲’变为‘无欲’,‘有争’变为‘无争’,就无‘人的问题’,向天人合一的目标迈进,而达到和谐平衡、长治久安、幸福快乐的人生。”由此可见,“《老子》中的道、天、无、自然、无为五个名称说的是一个东西。”(董光璧:《当代新道家》,华夏出版社1991年版)可谓深得《老子》之精髓。

《老子》的核心概念是“道”。“道”是什么呢?“道”是天下万物产生的总根源,也就是说天下万物包括天地,都是由“道”孕育、产生的。“道”不仅孕育产生了天下万物,而且是天下万物生长、发育、形成、发展的总依据。“道”具有什么特点、规律,天下万物的生长发育形成发展也就有什么特点、规律。那么“道”具有什么特点呢?第一,“道”是有和无的统一,“有无相生”、以无为本。所谓“有”,是说“道”之为物,确实存在,生化万物,威力无穷;所谓“无”,是说“道”无形无色、无法感知,没有感情好恶、意志欲望。第二,“道”是主客不分、万物一体的。“道”产生于天下万物之先,当其时天人合一、天下万物尚未被命名、分化,自然是混沌一片。所以当其时“道”也是不可言说、称道的,这也是“道”就是“无”的原因。第三,“道”处于恒常的回环运动之中,因此“反者道之动”;“道”处于虚静柔弱状态,因此“弱者道之用”。“道”的这三个特点,既是老子根据历史经验归纳抽象出来的,也是老子根据对自然现象的观察,运用类比、比喻等所谓“象思维”、道性思维、形象思维等思维方法,与治国理政、为人处世之道相附会而得出的。

以上所说的是，“道”所具有的这些特点，是如何得以论证的。我们还需要追问：《老子》中，“道”为什么被赋予这些特点呢？《老子》主要内容是如何治国理政、为人处世。老子认为过度的欲望、过分的人为、逞强好胜是治国理政、为人处世的最大的症结、弊端，因此强调治国理政、为人处世必须自然无为、贵柔守雌，也就是必须守定一个“无”字——无知、无欲、无为、无已，这可以说是从一个侧面抓住了治国理政、为人处世的关键问题，是以洞察了人性的特点及其弊端为依据的。

凡事或者失之于不足或者失之于过分，老子针对时弊，特别反对过度的欲望和作为。为此，老子特别反对对事物绝对化的评价和认识，强调事物的根源即所谓道是混沌一体的。所谓的真善美、假恶丑都是人为的概念造成的。确实，宇宙发生之初确实混沌一片，这并不能成为人类追求真善美、追求和谐发展的障碍。当然好在老子并没有因此反对一切人为活动。他反对的只是过度的不合乎自然特性规律的人为。

历来认为要不要人为是儒家道家的区别，其实在这问题上道家观点与儒家观点只是侧重点不同，未必相对立。孔子的中庸之道反对过分的行为，自然也反对过分的人为。老子不可能也并不绝对反对人为，他既然提出做人做事的主张，就有自己的认识和主张，就有人为。如果说他反对任何人为，是说不通的。他只是强调人为的同时必须注重欲望的性质和程度，反对的只是过度的、不合自然的、不正确的人为和欲望，因此特别强调人为和欲望的自然。所谓自然，就是程度上适度，性质上合乎本性，合乎规律。需要深究的是，人应该有怎样的欲望作为，人的欲望和作为，应该到怎样的地步，才算是合乎自然的。

老子历来主张道法自然，实际上是说人的欲望、作为，都要顺应自然本性，用现在的话说，就是要符合客观规律，要充分发挥人为对象的主观能动性，要适度，这无疑都是有道理的。问题是这些仅仅是抽象的原则，要得出正确的结论，需要具体问题具体分析，真理是具体的。

中国传统文化历来主张儒道互补，一方面主张发挥主观能动性，积极有为，一方面主张尊重客观规律，这是完全符合辩证唯物主义基本原理的。这样说被认为似乎过分抬高老子，事实上老子思想中确实有辩证唯物主义的因素。

老子为了论证他的理论，建立了道论。道是宇宙的起源，是万物存在的根据，因此也是治国理政、为人处世的价值标准。道的特征是超越感知，浑然一体，没有主观意志，故可简称为“无”“无为”“自然”“混沌”，这些特征的设置，是为了给治国理政、为人处世的价值标准即自然无为、贵柔守雌提供本体论根据。这一点前面已经说过，这是道家本体论的核心思想。对其论证中充满形象直观思维，诗性思维，事实上无法采用科学的完全的理性思维加以论证。比如老子说天道没有主观意志，人道应该同于天道，也应该限制主观意志，这就是所谓的自然无为，是天人合一之道。这里反对的是过度的、不正确的、不合乎自然的人为，应该是有道理的。这里面用的是形象类比之类的形象直观思维，这

正是中国文化的特色，也是哲学的特征。人称哲学介于科学和宗教之间，确实如此。哲学植根于现实与理想，理性与非理性，实然与应然，确实如此。

由此可见，老子的治国理政、为人处世主张不是消极的无所作为，而是合乎事物规律本性的适度作为，实践证明这是实现和谐发展的适当途径和方法，它体现了人类作为理性动物应该具备的本质特征。

老子哲学的对象是君主侯王一类的强者，老子希望他们自然无为、贵柔守雌，以求得事物的和谐发展。天地宇宙之间，人与自然、人与社会、人与自我之间，作为主体的人，均具有主体的强势的地位，自然无为、贵柔守雌，可以有助于事物得到和谐发展。这是老子哲学最高的价值追求。君主侯王如果能够修道、悟道、践道，做到自然无为、贵柔守雌，则天人合一、内圣外王可得以实现。这样的道论境界论虽然没有经过科学理性的论证，但是通过实践主体修道、践道，依然可以得到落实，在实践中发挥作用。和谐发展是人类的永恒追求，老子哲学因此具有永恒的价值。

老子没有直接讨论人性，根据其道论，人性同于道性，是自然无为、贵柔守雌的，简称为“无”，随着“朴散而为器”，认知情感欲望日趋丰富，欲望随着认知情感日趋强烈，背离了人性原初的浑朴状态，所以需要修道、践道，“为道日损”，“以至于无”。如前所说，作为人都是需要和谐发展的，为此顺乎规律和适度的有为，是正确的，有积极意义的。这样的结论体现了自然与人为、科学与人文的辩证统一。

人为与自然的关系问题也就是人文与科学的关系问题，涉及儒道互补、中西文化互补等话题。把握两者之间的辩证关系，力求和谐发展，将是现代哲学的重要课题。

可以这样概括、评价《老子》：《老子》最初出发点是面向君主侯王讲述治国理政、为人处世之道，这个“道”是具体的形而下之道，老子在当时已经具备的“天人合道”的理论基础上，创立了以“道”“无”与“有”“朴”“反”“自然”等为核心范畴的哲学系统，不仅以“道”统“术”，构成严密、系统的政治理论系统，而且构成包括发生论、本体论、价值论在内的以“常道”（形而上之道）为基础的哲学系统，体现了理性精神、超越精神与和谐发展精神，体现了对客观规律的尊重，对辩证思维的尊重，对理性思维、诗性思维、辩证思维、逆向思维等多种思维方式的灵活运用。上接天道，下接地气，有高度，有深度，有思辨性，有实效性，有创造性，有超越性，显示出极其丰富的智慧，极其高远的精神境界。《老子》作为古典名著，将会因时而化，具有无限生命力。《老子》中许多观点，在不同学科理论视野中，具有更为丰富的内涵，有待我们进一步阐释、发挥、批判、继承、发扬、光大。

《老子》的结构与艺术特色

《老子》是韵文，是哲理、自由体诗歌，又是结构严谨、一气

呵成的哲理散文。关于《老子》的结构，详见《导读》。

《老子》建立了以“道”为核心范畴的哲学理论，即所谓“常道”的理论，其下统领若干基本的价值原理，比如自然无为、贵柔守雌等，其下进一步统领了若干有关治国理论、为人处世的具体理论，形成了包括不同的抽象程度的至少三个层次的理论。在每章、每部分（全文十二个部分）的论述中，有的从抽象到具体（演绎），有的从具体到抽象（归纳），熟练地运用了逻辑思维、形象思维方法。每章之中，每部分之中，全篇各个部分之间，有重复或有意反复之处，有界限相对模糊之处，是因为越是抽象程度高的层次，可以涵盖、涉及的内容越是广泛，重复是不可避免的，有意反复则是出于强调的目的。无论如何，《老子》中各个部分之间的逻辑顺序是非常清楚的。《老子》一书作为文化典籍，堪称有物有序。我们自己理不清楚其间的脉络，讲不清楚《老子》的章法，决不能怪罪老子。

由于中国传统文化、传统哲学本身具有诗性思维、意象思维的特性，《老子》本来具备“诗与思”相互融合、相互为用的基础。老子确实把哲学与文学、诗歌与散文精妙地熔为一炉，通过哲理化的意境、辩证化的语言、形象化的说理、韵散化的句式，组织、建构起《老子》诗化散文、散文化诗的奇文妙篇。《老子》既可与《诗经》比美，又同《周易》堪称双璧，同为中国先秦两大哲学诗。对此刘笑敢在《老子》（台湾东大图书公司 1997 年版）中有详细阐述，可以参看。

中观哲学视域下的《老子》

胡伟希在《中观哲学导论》（北京大学出版社 2016 年版）中系统阐述了中观哲学的理论，指出中国哲学，尤其是老子哲学，具有中观哲学的特征，是一种主张将“天人二分”与“天人合一”这两种世界观融合起来的追求和谐的哲学。现将中观哲学思想简介如下。

中观思想是佛教的纲领，思想根源于初期大乘时期流通的《般若经》，龙树撰写了《中观论》来阐述正确的中观思想与修持方法，以“至中”来形容释迦牟尼所说的中道，远离生灭、断常、一异、来出等二边，又称八不中道。以观察“中道”，作为修持禅定与智慧的方法。简言之“中观”本是佛教特有的一种哲学或修行方法。

中观哲学，借助了佛学的中观思维方法，通过中西哲学传统的比较，说明中观哲学与西方古希腊的哲学传统的关联。进行中西哲学比较，至少可以区分出两大传统：中国传统与西方传统。中西哲学传统的根本性差异是自本体思维与对本体思维的差异。所谓自本体的思维，是认为认知对象与认知主体无法分开，强调本体的自我呈现。而对本体思维则首先将存在视之为客观实有，然后去探究这客观实有的真实。自本体思维与对本体思维都是人的二重性存在的客观反映。对于对本体方式来说，它重视对人的工具理性式的生存状态的探究，而自本体则关心人作为价值理性的生存状态的探究。

由于人的工具性层面与价值性层面不仅相互补充与依存，而且会相互涵摄，中观哲学要求调和中西哲学，同时采取自本体思维与对本体思维的方式，试图调和“有的世界”与“无的世界”的对立，认为宇宙万物以“外在关系”而相互联系时，则生成“有的世界”，此即“一即一切”；当宇宙万物以“内在关系”相互连接时，则生成“无的世界”，此即“一切即一”。

中观哲学植根于人的二重性。康德认为，人是有限性的理性存在。所谓有限性，是说人与其他动物一样，需要生物式地存活；所谓理性的存在，是说人是会思考的动物，会观念式地思考宇宙人生等终极问题。这就是所谓的人的二重性。因此人对世界会做两种观照、思考:“以我观物”与“以物观物”。与此相对应，人的生活世界其实可以分为“有”的世界与“无”的世界。

所谓“有”的世界，首先是说有形形色色、这这那那，也就是说有区别。为什么“有”的世界会有区分呢？这是因为：“有”的世界是人为了物质性生存与发展而不得不面对的世界。按照康德的说法，人一方面是有限性的；另一方面，又是有理性的。所谓有限性，就是说人受自然界的限制的一面：作为生物体的人，与其他动物一样，要生存的话，就必须与外界环境打交道。而这种为了生物性生存而与外界打交道的方式，是一种利用外部自然的方式。在他眼里，自然界以及外部世界的一切，都是他为了生存与发展可以利用的器物甚至工具。故而，在这种利用自然与征服自然与外部世界的关系中，人类发展了一种自我意识，即认为人是独一无二的，人可以并且应当凌驾于万物之上；而且，外部世界的一切也都是人可以利用与使用的对象。由此，主客对立关系也得以形成。正是在这种对象性的生存以及与外部世界打交道的过程中，人类发展了科学，而且有了各种各样的有效地征服与利用自然的技术。

与此相适应，人类对于自然以及外部世界的征服，是以群体的组织形式得以进行的，而在这种群体性的对外部世界的征服与利用过程中，为了维护群体的生存与发展，也必须建立起维系群体社会活动的社会规范与制度，社会道德与国家法律等形式也由之而起。此类规范与制度名目繁多，然而，无论其具体内容与形式如何不同，这些社会建制与社会规范的目的只有一个，就是用以调节社会中人与人之间的关系，以便更好地合作。由于出于人类物质性的生存与发展的需要，尤其是出于调整社会上不同群体与个人的利害关系的需要，这种种社会建制的出发点如同科学技术的发明一样，都是强调人与人、人与物之间的区别。总之，讲究利用与分别，是人类“有”的世界的根本特点。这个“有”的世界，也就是中国哲学所说的“器”的世界。

人类除了是生物性的存在之外，它还是一个理性的存在。所谓理性的存在，是说人有理性，它除了有物质性的生存需要之外，还有一种形而上的冲动：它要思考人是什么，人应当是什么，人能希望什么等宇宙人生的终极问题。由于有这种形而上学的冲动，因此，人类还会用一种不同于生物性冲动的眼光来观察与看待周遭的世界。这时候，它会发现：人虽然在表面上与其他动物不同，甚至人与人之间彼此差别很大，但就其“生生之德”的本然天性而言，彼此之间其实并无差别。这也就是中国哲学所说的“民胞物与”“天人合一”之类。此所谓无区别，也即中观哲学所说的“无”的世界。所谓“无”的世界，并非是说这个世界不存在或者是虚无，而是说在这个世界中，一切差别皆已消失或不存在。在中国哲学眼里，所谓世界的价值与意义，就是无差别与无分别。

对于这个无差别与无分别的世界，儒家、道家与中国佛教分别有不同的指称。如儒家称之为“仁”，而仁的含义是“仁者，浑然与物同体”。程颐解释为什么这“无”的世界可以成为价值之源时说:“所以谓万物一体者，皆在此理，只为从那里来。‘生生之谓易’，生则一时生，皆完此理。人则能推，物同气昏，推不得，不可道他物不与有也。”可见，人与其他物类的区别是：虽皆为“生”，但其他物类对“生”无此自觉，唯人有此自觉，故从此“生生之德”中能发现宇宙运行中寓存着的道德价值原理。

老子也将“无”作为道德之最高境界，提倡“为道日损”，回复到一无差别的婴儿状态，他称之为“朴”，认为“道常无名，朴”(《三十二章》)。而庄子更将生活在无差别的世界奉为人生最值得追求的理想，主张“生而不说（悦），死而不祸”“物无贵贱”(《庄子·秋水》)，提倡“天地与我并生，而万物与我为一”(《庄子·齐物论》)。而佛教的最高境界——“涅槃”，更是一个消除了任何差别的极乐世界。甚至禅宗，则不仅要消除外部世界的对立，还提出“无念、无相、无住”，要求从内心杜绝一切意念上的差别，将其作为最高的精神追求境界。

中国哲学置于中西哲学比较的视野下加以观照，可以发现：

中国哲学属于中观思维，其特征有五（详见前文《〈老子〉的思维方法》）。对于中国哲学而言，中观不仅是认识论与方法论，而且是存在论与人生的在世方式，它要解决的是“有”与“无”这两个世界的对立与紧张关系；而这个问题的最终解决，一依于中观的修行而定。所以中国的中观哲学其实是认识论、方法论、存在论与修行论的合一。

先秦道家亦将中观作为其哲学思考的方法论原则。老子提倡“多言数穷，不如守中”（《五章》）。“道”是老子哲学中的最高概念，但对“道”的把握却离不了“中”。而“中”的意思，就是要在具体纷纭的事物变化中把握住不变，以不变应付万变。这种不变之道不是说有一个固定的不变点，而是说要以虚制动：“致虚极，守静笃。”（《十六章》）

除了以虚制动之外，中观思维很重要的一个方法论原则是要避免极端与片面，故老子哲学中有大量关于“物极必反”的论述：“物壮则老，谓之不道，不道早已。”（《五十五章》）但所谓中观并不是要为事物立定一个绝对正确或固定的尺度，而是因势利导，使事物顺其本性发展，自然而然地走向反面。这就是他所讲的“福祸相倚、正反相承”的道理。

不仅仅如此，老子还运用中观来进行形而上学的思维，在中国哲学史上第一次提出了有与无的辩证法，认为道是“有”与“无”的对立统一：“无，名天地之始；有，名万物之母。故常无，欲以观其妙；常有，欲以观其徼。此两者，同出而异名，同谓之玄。玄之又玄，众妙之门。”（《一章》）

由于世界“观”（对本体与自本体，二分与非二分，对象性与非对象性，主客二分与天人合一等）不同，便产生了两个世界——“有”的世界与“无”的世界；产生了两种文化——科学文化与人文文化，西方文化与中国文化。在中观哲学看来，这两种世界观、两个世界、两种文化之间，应为相互区别、相互联系、相互依存、相互影响、相互交流、相互融合之关系。

胡伟希先生以追求“大一统”的气魄，纵览古今，提炼出“中观哲学”的理念，对中西方哲学思想进行系统整合，建立起融本体论、认识论、价值论、人生哲学、历史哲学为一炉的思想体系，读来新意迭出，何其快哉！在中观哲学视域下，讨论《老子》中有与无、常道与非常道，科学与人文等诸多问题，高屋建瓴、迎刃而解。（本节阐述参照了胡伟希著《中观哲学导论》及其相关论文。）

认为中国传统哲学、道家哲学是中观哲学，是“中和”“中道”的哲学，是追求“天人双分”与“天人合一”之统一，追求科学与人文两种文化的和谐统一，这些说法在根本上都是内在相通的。简言之，就是追求和谐的哲学。《老子》一书中，“和”字共见八处，如“音声相和”“和其光”“知和曰常”“和大怨”等。《老子》的和谐思想层次分明、内涵丰富，我们可以将它分为“冲气之和”“音声之和”“和光同尘”“赤子之和”这四个进阶。这四个进阶的“和”分别对应着老子对世界本原、世间万物、社会关系和人生意义的思辨，从中我们可以勾勒出老子由道向德的思维进路。

冲气之和。“道生一，一生二，二生三，三生万物。万物负阴而抱阳，冲气以为和。”（《四十二章》）“道”之所以能化生万物，是因为“道”蕴涵着阴阳两个相反方面，宇宙万物都包含着阴阳正负两个方面，阴阳的互相摇荡、互相作用，而形成和。“和”是宇宙万物的本质以及天地万物生存的基础。

音声之和。“音声相和”揭示了事物之间对立统一的那种复杂而微妙的状态。并且，它所侧重的，不是强调对立面之间的差异，而是凸显对立面之间的相生相应。“和”是老子认识事物的基本出发点。

和光同尘。“挫其锐，解其纷，和其光，同其尘。”（《四章》）所谓“锐”，即锐利、锋利，如尖刀利矛，伤人而无不快。所谓“纷”，本指丝带。因其丝多杂乱，引申为纠纷、争执。人间事物始终处于争执、纠纷之中，或利或害，为人际问题中的关键。老子希望以和为贵，故曰挫锐解纷、和光同尘。这是老子治国理政、为人处世的妙药良方。

赤子之和。“含德之厚，比于赤子……终日号而不嗄，和之至也。”（《五十五章》）在这里，老子通过对婴儿（赤子）的赞美，形象地表达了他所追求的理想中大圣人形象：婴儿天真无瑕，混沌无知，无所用心，专自然之气，达到柔和大同的境界——“玄同”，小国寡民世外桃源，是它的外化。

《老子》中直接论述“以和为贵”价值观的不算很多，但是，追求自然，就是追求动力的内在性、发展的平稳性和总体状态的和谐性；实施无为的目的，则在于维系和保护天下万物的自然生长、黎民百工自然生产的秩序，也就是社会中自然和谐的理想状

态。“和”是蕴含于自然、无为之中的核心价值。它植根于万物之始——混沌不分的“道”之中，散落于世间万物之中，在世间万物的矛盾、差异中寻求同一，创造和谐，经由自然无为之道，达到天人合一、和谐发展的玄同境界，是人类的美好理想和共同目标。（成中英：《创造和谐》，东方出版社 2011 年版）

道家的这种整体和谐观，与西方哲学中心物二分、主客对立、人天分判的二分法是截然不同的。既然人类和大自然、万物本为一个和谐的有机的统一体，人类又有什么理由去暴殄万物，破坏人天共有的生态环境呢？所以老子说：圣人办事自然无为，因此不会失败，不会遭到损失。如人类能自觉地辅助万物的自然发展而不加干涉，就能保持宇宙的良好生态体系，获得万物并生、人天共存、持久发展的生存空间，体现生命的真正价值。显然，以老子为代表的道家学说颇富远见，其科学价值也是毋庸置疑的，并为近现代社会因片面追求征服自然、主宰万物所造成的前所未有的生态危机所证实。

张世英先生在《哲学导论》（北京大学出版社 2002 年版）等著作中，系统介绍了中西方两种文化的区别与联系，指出两种文化的相互融通、和谐发展是全世界思想、文化发展的必然趋势，饶有兴味，可以参看。

《老子》与健全人格教育

历史上有些人对《老子》误读，认为老子讲的是“君人南面之术”，讲的是如何搞阴谋诡计，讲的是臣服于自然、示弱于他人，消极无为，老气横秋，所以认为《老子》不适宜年轻人阅读。须知这些观点仅仅是古代学者（代表人物当推朱熹）或者现当代少数学者的偏见。随着对于道家学说研究的深入，“《老子》消极论”早已站不住脚。

老子以自然无为之道为核心理念，提出了独具特色的治国理政、为人处世的思想体系，与儒家礼乐教化理论相对立。在中国历史上，儒家道家都谈论“道”，都谈论“内圣外王”，但是儒家的教化理论和道家的自然学说相互对立、相互为用，对立互补，成为中国传统文化的两大潮流之一，成为中国传统文化不可或缺的组成部分，在全世界产生广泛、深远的影响。特别有意思的是，在许多人文科学领域，老子并没有专门发表什么议论，但是因为他的哲学理论确实自成体系、无所不及，几乎在所有人文科学，甚至自然科学领域都产生影响。老子的宇宙发生论和循环发展论，分别得到物理学家海森伯和卡普拉的肯定。（董光璧：《当代新道家》，华夏出版社 1991 年版）

在美学领域，《老子》直接谈论“美”的大概只有两三处，但是他关于“道”的论述，“自然而然”也涵盖了美学领域。老子注重“道”。“道”具有“自然无为、有无相生”的特点。所以老子美学推崇自然之美，反对人工雕琢；推崇以少胜多、以无胜有，“有无相生”，虚实结合。老子注重辩证思维，在中国古代艺术实践中，艺术辩证法得到广泛运用。老子在体道、悟道、践道中推崇收视反听、“涤除玄鉴”等直觉思维、形象思维方法，与审美实践中的审美观照、审美创造思维方法非常接近，不谋而合。老子论道，认为道具有“浑”（混沌为一）、“朴”（原始质朴）、“一”（整一、单一）、不可言传等特点，这些都成为审美实践、审美评价的重要标准。

《老子》心理学思想非常丰富。老子提出“魂魄抱一”的形神观，认为形神合一而不分离。老子把认知过程分为“观”“明”“玄鉴”三个阶段，“观”属于感知，后二者属于思维。此三者密切联系，依次发展。老子的情欲思想非常发达。他认为人的自然本性是最完美的，因此主张“绝圣去智”“少私寡欲”“常德乃足，复归于朴”（燕国材：《中国心理学史》，浙江教育出版社 1998 年版）。老子心理学思想贯穿于《老子》中关于治国理政、为人处世的论述之始终，是这些论述的心理学理论基础，可以参看前文《〈老子〉的思维方法》。

《老子》本来是写给君主侯王们阅读的，希望他们清心寡欲、顺其自然，不要贪得无厌、逞强好胜，让老百姓能够享有更多的自由，这些观点极其富有人民性。这样的观点，在教育领域具有极其深刻的指导意义。对学生要顺应客观自然规律，不要过分功利，不要过分勉强作为，留给学生自由发展的空间，让学生自然而然、自主发展，而不要揠苗助长，这大概堪称现代教育学最基本的观念。

老子被认为是中国传统文化中最早自觉建立哲学体系的哲学家，《老子》被认为是中国哲学中的开山之作，阅读《老子》，不仅可以让学生全面、深刻地了解中国传统文化，而且可以使学生接受最全面的哲学教育。它生动展示了某种哲学思想形成的必然逻辑特点：一种哲学无论其如何玄妙高远，它都是植根于现实的，它希望给人类的具体思考以统一的理由、根据，它是人类体现自身本性（人是理性的动物）、开展理性思维的根据和基础。

总之，《老子》堪称人类思想史上取之不尽、用之不竭的巨型富矿。《老子》看起来讲的是治国理政、为人处世的道理，其中渗透的则是关于如何“观”世界的大道理，是关于和谐统一、和谐发展的大道理。我们说《老子》是涉及很多人文学科的极好的哲学教材，主要原因就在于此。

追求真善美的教育，就是追求和谐统一、和谐发展的教育。人是有限的理性存在。人的有限性决定人与其他动物一样，需要生物式地存活；人的理性决定人超越了其他动物，追求终极关怀，追求和谐发展，追求健全人格。为此，人类的存在与实践决定了人必须不断追求真善美。

何为真善美？作为哲学，必须给出统一的、具有逻辑性的回答。广义的实践包括认识世界与自我，改造世界与自我。前者探究“是什么”，与认知相关，追求“真”；后者明确“做什么”，与意欲相关，追求“善”。在实践中对于真与善的追求是相互关联、密不可分的。知与行的统一，成物与成己的统一，合规律性与合目的性的统一，真与善的统一，是现实中的“实践”的追求。

康德把人的心理功能分为知、情、意三方面。他虽承认这三方面的互相联系，而在研究中却把它们严格割裂开来，分别进行分析。在他的三大批判之中，第一部《纯理性批判》实际上就是

一般所谓哲学或形而上学，专研究知的功能；第二部《实践理性批判》实际上就是一般所谓伦理学，专研究意志的功能；第三部《判断力批判》实际上就是一般所谓美学，专研究情感（快感或不快感），寻求人心在什么条件之下才感觉事物的美（美学）和完善（目的论）。

人类在实践中追求的真善美，恰好与人类的心理结构认知、意志与情感分别对应，康德的“三大批判”合在一起就组成了一套完整的体系。如果说真善美的统一是实践即成物、成己的追求，那么健全人格追求的就是认知与情感、意志心理结构的和谐统一。

“真善美”的追求在实践中均体现为“和谐”的追求。作为真理之真，简言之就是追求主观认识与客观规律的和谐；作为伦理之善，简言之就是追求个体与社会、自我与他人之间的和谐；作为审美之美，简言之就是形式之多样化统一（和谐）、形式与内容的和谐统一，内容上是真与善的和谐统一，审美过程中审美主体与审美客体之和谐统一。

和谐统一不是观念上的统一，而应该是实践中经历发现矛盾、解决矛盾之后实现的和谐统一，这就是张世英先生所说的“主客二分基础上的天人合一”，这就是科学文化发展基础上两种文化的相互融通。前面已经突出强调，中国传统哲学、传统的道家哲学、《老子》，就其主要特征而言，就是一种中观哲学，一种主张和谐统一、和谐发展的哲学，《老子》具有科学人文相互融合的哲学的萌芽。

胡家祥先生认为，人类的心灵结构可以分为三个横向层面与两大纵向系列。感性包括直观表象和体验情感，知性体现于认识抽象和评价价值，志性包含自性原型和自由意志。大致说来，它们分别体现为人对外部世界的感受、思维和信仰。形象（直感）思维发生在“感性”层面，抽象（逻辑）思维发生在“知性”层面，灵感（顿悟）思维很可能发生在“志性”层面。人类凭这三种心灵能力改造外部自然，建构文化世界。

人类的感性对象化有文学艺术；知性的对象化在认识方面有自然科学，在评价方面则有人文科学；志性的对象化有宗教和哲学，哲学又以其偏于自性原型还是偏于自由意志而裂分为科学主义的和人本主义的。

心灵世界的结构实为文化世界的结构之根基和雏形。人类的心灵又可分为两大纵向系列：一个系列是从“直观表象”到“认识抽象”，进而追求更高乃至最高的统一性；体现“自性原型”的规范、整合作用，这一系列的由浅入深的过渡形成人们“认识世界”的一般过程。另一系列是由“自由意志”“评价价值”和“体验情感”构成的。自由意志携载着人的族类生存的内在，决定着人们的价值观念系统，受到现实社会关系和个体感性需求的“修正”，并以“爱”或“憎”的情感形式体现出来。这一过程是由整一到杂多、由抽象到具体，将心灵深层的“理想自我”对象化、现实化，我们姑且称之为“要求自我实现”系列，这一系列的由里向外的过渡形成人们“伦理实践”的一般过程。

这两大系列纵横联系，交叉感应，人的精神活动总是在要求“自我实现”（向外发散）和要求“和谐整一”（向内收敛）的张力

结构中展开。

作者对人类心灵的阐述，虽然没有实证材料，但是对于我们了解人类的心灵的结构及其与文化（科学文化与人文文化）之间的对应关系，提供了一个系统的具有逻辑性的阐述，有助于我们理解“知情意”之间的关系及两种文化、两种哲学之间的关系。参见下图（胡家祥：《心灵哲学与文艺美学》，中国社会科学出版社 2007 年版）：

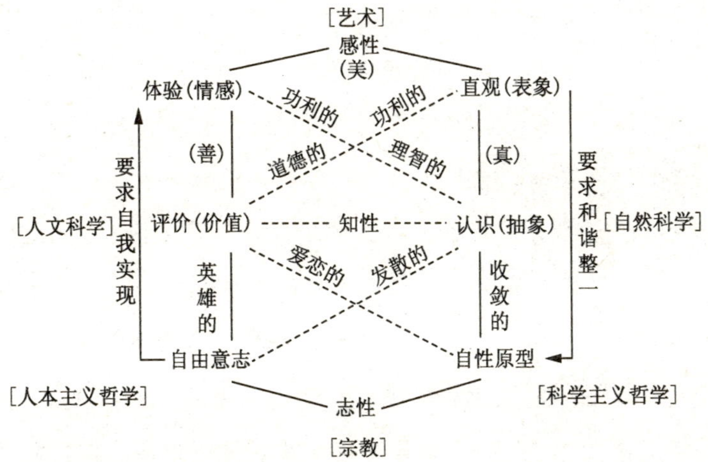

人的两种实践（成己与成物，内圣与外王）对应于人的二重性、人的心理结构的两大纵向系列，在此基础上产生两种文化（科学与人文），两种文化抽象、概括出两种哲学（科学哲学与人文哲学）。未来哲学的任务是在实践中将两种哲学相互融合，用于指导两种文化的建设，用于健全人格的培养，使得人的理性与非理性（认知与情感意志）得到全面发展。

人类存在既有区别又有联系的两种形态的文化：科学文化与

人文文化。科学文化包括科学知识、科学方法和科学精神。科学知识是严格地从观察和实验得来的经验事实中推导出来的在客观上被证明了的知识。它具有客观性、规律性、系统性、实证性等特点。科学方法是获得科学知识所必须借助的方法，包括观察、实验、逻辑思维等，表现出一种非情感的特性。科学精神是科学探索中必须具备的，与科学活动内在地直接地相关的，是从事科学活动的人较普遍地具有的追求真实、推崇理性、注重实证判据、注重最大功效的精神。

人文文化是与科学文化相对应的文化形态，包括人文知识、人文方法和人文精神。人文知识即关于人类价值和精神的人文主义的学科。人文知识包括下列人文学科：现代与古典语言、语言学、文学、历史学、哲学、考古学、法学、艺术史、艺术批评、艺术理论、艺术实践等。人文科学方法是获得人文知识所必须借助的方法，它具有我向性、情感性、感悟性、形象性、多义性、模糊性等特征。人文精神是从人文学科中提升出来的文化精髓、价值观念等，它一般与人文活动内在地直接地相关，是从事人文活动的人较普遍地具有的，体现为以人为中心（开掘主体的内在感受）、推崇觉智、追求美好、重在达就良善、实现浪漫情怀、向往健全完美的人格等价值理想。

科学文化与人文文化通过社会遗传在个体身上的积淀，通过社会化在个体身上的内化，就成为个体的科学素质与人文素质。我们所说的“科学素质”与“人文素质”，应该涉及“心理素质”与“社会文化素质”两个层面，是社会文化素质——包括科学文

化、人文文化——与这两种文化内化而成的个体的心理素质的结合，是“人的素质结构中具有价值导向功能的最高层次的素质”。

莱斯利·史蒂文森在《多面孔的科学》中，将典型的科学家与传统的文学家、艺术家、浪漫型人之间的素质特征进行了有趣的对比，构成14个方面的两两对照，这就是：理性——感觉（前者为典型的科学家的素质特征，后者为传统的文学家、艺术家、浪漫型人之间的素质特征，下同），抽象——具体，概括——特殊，有意抑制——自然而然，决定性——自由，逻辑——直觉，简化——杂多，分析——综合，原子主义——整体主义，实在性——表面化，乐观主义——悲观主义，男性化——女性化，阳刚——阴柔，左脑——右脑（肖峰：《论科学与人文的当代融通》，江苏人民出版社2001年版）。两类人“素质”的区别，大致就是科学素质与人文素质的区别。

当然，现实中的人，不可能完全地只有一种素质而没有另一种素质，但每一个具体的人在两种素质中有所偏重却是大量存在的，有时甚至还有走到极端的情况。自觉通过科学文化与人文文化的传承与熏染，提升、发展学生的科学素质、人文素质与创新精神、实践能力，就是“科学人文相互融合的学校教育”。

科学人文相互融合的学校教育，首先是指教育的目标——既重视科学素质的培养，又注重人文素质的培养；其次是指教育的方法，即实现目标的原则、方式、方法：既重视“教育内容的科学的系统的构成”，又重视“作为学习主体的学生的内在条件（发展阶段、个体经验、生活现实、学习动机、意志、信念、价值观等）的认识与洞察”，既注重文化知识的传授，技能、能力、智力的培养，又注重非智力因素、健康个性、人格的培养，让学生得到和谐发展的学校教育。科学人文相互融合的学校教育，正是遵循、体现了“科学发展观”的和谐教育。

科学人文相互融合的教育，符合世界范围内思想文化发展的趋势。曾任英国政府科学顾问的小说家、物理学家查尔斯·斯诺在1959年发表了题为“两种文化”的影响深远的演说，指出了科技文化与人文文化在价值观念和思维方式上的差异及其对创造、突破带来的障碍，主张这两种文化相互融合，而使得两种文化融合的重要途径是学校教育。美国著名科学家乔治·萨顿在《科学与艺术》一文中详细阐述了这两种文化的巨大差异，强调两者不可或缺，而又必须相互融合补充。

关于中西方文化的比较研究表明，“天人合一”作为中华民族文化的根本特点，与西方文化的“主客二分”截然不同。从价值观念上看，中华民族趋向于“求善”，西方民族趋向于“求真”；从思维方式上看，中华民族偏重于感性、直觉、整体思维，西方民族偏重于理性、逻辑、分析思维。中西方文化的交流融合，也正在成为世界性潮流。倡导科学与人文相互融合，倡导西方文化与东方文化的交流融合，倡导同时注重发掘左脑右脑的潜能，培养具有科学素质、人文素质的综合型创新型的人才，顺应了历史、文化发展的时代潮流。

健全人格教育实施的途径，须充分利用科学文化、人文文化，充分利用中西方文化，取长补短，相互融合，其关键是实施科学

主义与人文主义相互融合的世界观教育。在张世英先生的《中西文化与自我》（人民出版社 2011 年版）一书中，作者指出：未来世界文化和哲学的发展趋势，应该是中西文化和哲学的相互融汇和相互会通，不可能也不应该彼此代替。向西方学习，提倡科学和民主，就要学习西方近代充分发展了的“主客二分”的思维模式和科学分析方法。未来中国哲学的发展，中国文化、教育的发展，既要继承“天人合一”思想的积极方面，又要学习“主客二分”思维之长处，还要吸收西方现当代哲学的有益因素，以构建适应世界潮流和符合中国国情的新哲学。

科学文化、人文文化与中国文化、西方文化的核心是科学精神与人文精神。新世纪的马克思主义哲学就是在实践中将这两种精神统一、融合起来。而科学精神、人文精神的核心则又是充分认识到主体与客体、自我与社会之间辩证关系的主体意识、自我意识，或者说是“共在性主体意识”“共在性自我意识”。这种“共在性独立人格”，其世界观包含了“主体——客体”思想在内的“天人合一、万物一体”，既是科学人文的相互融合，又是“真善美”的和谐统一。

所谓“求真”，就是追求真理，就是认识主体经由“同化一顺应”反映，求得主体与客体之间的矛盾统一，是知识论、科学方法论、学习方法论与各个学科科学理论所涉及的主要内容。

所谓“求善”，就是追求人与自我（身与心、情感与理智、理想与现实等）、人与他人、社会（公与私、取与受、仁爱、公平、正义等）、人与自然之间的矛盾统一，它是道德实践、伦理学所涉及的主要内容。

所谓“求美”，则是理论知识与道德实践的矛盾统一，合规律性与合目的性的内容与和谐形式的矛盾统一，是人类情感、艺术与美学所涉及的内容。而和谐发展的理念，作为贯穿宇宙世界的根本规律，贯穿于真善美三个领域，涉及人类心灵的整体结构（知与情、意），也应该贯穿学校所有课程之中。

简言之，建设和谐社会，培养健全人格（和谐人格），其关键在于实施主客二分与天人合一相互融合的世界观教育。《老子》充分体现了中国传统文化、传统哲学的特色——中观哲学，和谐哲学，天人合一的哲学。学习《老子》是我们实施传统文化教育、实施“科学人文相互融合的教育”的重要内容与重要途径。

注释：

①《林中路》为二十世纪德国著名思想家海德格尔最重要的著作之一，已被视为现代西方思想的一部经典作品，是进入海德格尔思想的必读之作。本书汇集了作者三四十年代创作的六篇重要文章，几乎包含海德格尔后期思想的所有方面。其中最引人注目的是海德格尔围绕“存在之真理”问题对艺术和诗的本质的沉思，以及海德格尔独特的“存在历史”观，也即对西方形而上学以及西方文明史的总体观点。

后　记

我们深知阅读国学经典对于传承文化、提升素养、培养核心价值观的重大意义，所以数十年来一直以“先秦诸子经典选读”为题，为高中学生开设选修课程，为国际班、鉴真佛教学院的本科生开设语文课，先后出版了多部国学著作，在国学经典的阅读、普及方面进行了实践与探索。南京出版社独具慧眼，策划出版“国学经典轻松读”丛书，明确提出这套书应该具备的特点是：重点突出（每部经典的主要观点、核心范畴），思路清晰（主要观点、范畴及其与现实之间的逻辑联系），求实创新，深入浅出。要把国学经典阐述得有科学依据，有创新精神，而且表述上深入浅出，可以轻松读懂，绝对不是一件轻松的任务。好在现在国学经典的深入研究正逢其时，我们编辑这套通俗性读物，可以广泛吸收各位专家学者的研究成果，在此深表感谢！出版社的编辑为本丛书付出了超乎寻常的辛劳，在此一并致谢！